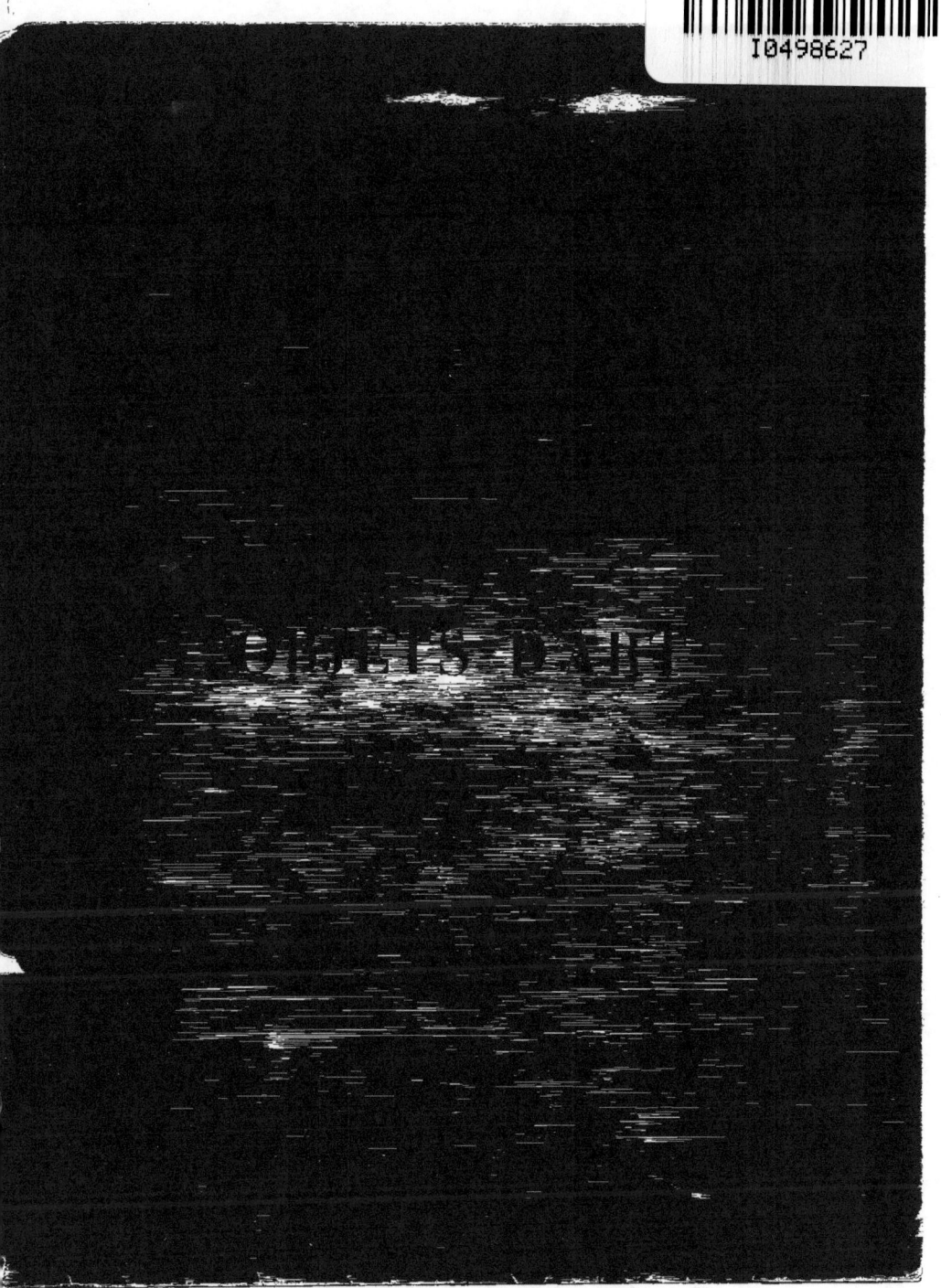

COLLECTION DE M. L. DE M...

OBJETS D'ART

PARIS. — IMPRIMERIE DE L'ART

E. MÉNARD ET Cie, 41, RUE DE LA VICTOIRE

CATALOGUE

DES

OBJETS D'ART

COMPOSANT

La Précieuse et Importante

COLLECTION DE M. L. DE M...

ET DONT LA VENTE AURA LIEU

GALERIE GEORGES PETIT

8, rue de Sèze, 8

Les Lundi 25, Mardi 26, Mercredi 27, Jeudi 28, Vendredi 29
et Samedi 30 Mai 1891

à deux heures

Mᵉ PAUL CHEVALLIER	**M. CHARLES MANNHEIM**
COMMISSAIRE-PRISEUR	EXPERT
10, rue de la Grange-Batelière, 10	7, rue Saint-Georges, 7

EXPOSITIONS

PARTICULIÈRE : *Le Samedi 23 Mai 1891, de une heure à six heures*
PUBLIQUE : *Le Dimanche 24 Mai 1891, de une heure à six heures*

CONDITIONS DE LA VENTE

La vente sera faite expressément au comptant.

Les Acquéreurs paieront, en sus des adjudications, CINQ POUR CENT, applicables aux frais.

L'Exposition mettant le public à même de se rendre compte de l'état des objets, il ne sera admis aucune réclamation une fois l'adjudication prononcée.

ORDRE DES VACATIONS [*]

Le Lundi 25 Mai 1891.

Tabatières et Bonbonnières.	Nos	1 à 34
Émaux.	—	69 à 73
Miniatures.	—	74 à 91
Montres et Châtelaines.	—	173 à 187

Le Mardi 26 Mai 1891.

Tabatières et Bonbonnières.	—	35 à 68
Miniatures.	—	92 à 109
Montres.	—	188 à 205

Le Mercredi 27 Mai 1891.

Bijoux et Objets de vitrine du XVIIIe siècle.	—	147 à 172
Orfèvrerie du XVIIIe siècle.	—	218 à 230
Sculptures.	—	255 à 270
Bronzes d'art.	—	307 à 323

Le Jeudi 28 Mai 1891.

Pierres gravées.	—	110 à 126
Bijoux des XVIe et XVIIe siècles.	—	127 à 146
Orfèvrerie des XVIe et XVIIe siècles.	—	206 à 217
Lampe de mosquée et Verrerie de Venise.	—	271 à 300

Le Vendredi 29 Mai 1891.

Matières précieuses (Travaux orientaux).	—	335 à 375
Laques.	—	393 à 435

[*] N. B. — *L'ordre numérique ne sera pas suivi.*

Le Samedi 30 Mai 1891.

Matières précieuses (Travaux européens)	Nos	231 à 254
Porcelaines européennes	—	301 à 306
Bronzes d'ameublement	—	324 à 332
Meubles	—	333 et 334
Porcelaines orientales	—	376 à 392
Émaux de la Chine	—	436 à 449
Orfèvrerie et Bijoux de l'Orient	—	450 à 454
Sculptures du Japon	—	455 à 464
Bronzes de l'Orient	—	465 à 471
Verre chinois	—	472

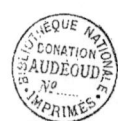

Le présent Catalogue se trouve à

Paris.........	Chez Mᵉ Paul Chevallier, commissaire-priseur, *rue de la Grange-Batelière, 10.*
—	Chez M. Charles Mannheim, expert, 7, *rue Saint-Georges.*
Londres......	Chez MM. Bernard Quaritch, 15, *Piccadilly.*
—	Chez M. F. Davis, 147, *New Bond Street.*
—	Chez MM. Wertheimer et fils, *New Bond Street.*
—	Chez M. George Donaldson, 106, *New Bond Street.*
Berlin.......	Chez MM. Asher et Cⁱᵉ, libraires.
Vienne.......	Chez MM. Egger frères, 7, *Opernring.*
Munich.......	Chez M. A. S. Drey, antiquaire, 39, *Maximilianstrasse.*
Francfort-sur-Mein..	Chez MM. J. et S. Goldschmidt, *Rossmarkt.*
—	Chez MM. Lœwenstein frères, 4, *Kaiserstrasse.*
Bruxelles....	Chez M. Victor Le Roy, 18, *rue des Chevaliers.*
Amsterdam....	Chez M. J. Boasberg, 63, *Kalverstraat.*
Saint-Pétersbourg..	Chez M. David.
Rome.........	Chez M. Spithœver, 85, *Piazza di Spagna.*
New-York.....	Chez M. S. P. Avery, 86, *Fifth Avenue.*
—	Chez M. Knœdler.

Il est une collection ignorée du public, c'est à coup sûr celle de M. L. de M..; la modestie extrême de l'amphitryon n'en permettant l'admiration qu'à quelques privilégiés, il n'a été accordé à nul profane de pénétrer dans ce sanctuaire de l'art aimable du siècle passé.

Et pourtant peut-on rêver réunion plus parfaite des mille petits riens indispensables aux raffinés d'alors! Est-il possible d'imaginer soins plus éclairés, persévérance plus inébranlable, quand on contemple tous ces souvenirs de la frivole époque, désirés, disputés, conquis un à un, après tant d'années de patientes recherches, tant d'années d'émotions de tous les jours! Pas une bonbonnière, pas une miniature, pas un bijou qui n'ait été scruté, fouillé jusque dans les infimes recoins! Et jamais d'indulgence à espérer, si le moindre défaut apparaissait à l'œil méfiant du maître!

C'est par cette merveilleuse constance, jointe à un goût des plus délicats, que M. L. de M... est parvenu à rassembler dans ses vitrines comme le dessus du panier, la quintessence des collections les plus vantées de notre temps, et le succès qui a récompensé ses efforts, nous facilite singulièrement la tâche en nous interdisant, à l'encontre de tous les précédents, d'esquisser la plus courte description, de peur d'être forcé de tout citer et de ne faire ainsi que répéter le catalogue.

Un mot seulement : de même que l'héritier d'une race illustre s'attire par son nom seul le respect de tous, de même la simple mention des noms des Allègre, Barbet de Jouy, de la Béraudière, Castellani, Demidoff, de Lafaulotte, Fould, duc d'Hamilton, Montebello, Morny, Pourtalès, Reiset, Rougemont, Soret, Stein, Turgot et autres aussi célèbres, qui composent les quartiers de noblesse de la galerie L. de M..., doit constituer pour elle le plus pompeux des éloges et lui assurer la confiance des plus novices. Le proverbe ne saurait mentir : Noblesse oblige.

PREMIÈRE PARTIE

TRAVAUX EUROPÉENS

Désignation des Objets

TABATIÈRES ET BONBONNIÈRES

1 — **Tabatière ovale** en or émaillé en plein. Le médaillon du couvercle représente une scène de buveurs composée de trois personnages, dans le goût de Téniers ; celui du fond, le sujet de la Mère de famille, d'après Boucher ; ceux du pourtour offrent des scènes d'intérieur et des attributs divers. Le reste de la boîte est enrichi d'ornements et de feuillages en or de couleurs très finement ciselés. Travail français du temps de Louis XV.

Haut., 36 millim.; long., 70 millim.; larg., 57 millim.

(Collection de Mme la comtesse de la Béraudière.)

2 — **Grande boîte ovale** en or gravé et émaillé en plein, à médaillons de sujets mythologiques très finement peints en couleurs et compartiments d'émail bleu transparent. Le médaillon du couvercle représente le sujet de Persée délivrant Andromède ; celui du fond, la toilette de Vénus, et ceux du pourtour, des jeux d'enfants, une bacchanale, etc. Le bec est enrichi de branches de fleurs exécutées en diamants. Beau et précieux travail du temps de Louis XV.

Haut., 38 millim.; long., 84 millim.; larg., 63 millim.

3 — **Petite boîte de forme oblongue** en or gravé et émaillé vert translucide. Elle est décorée de six médaillons émaillés en plein finement peints; ceux du couvercle et du fond représentent des fleurs dans un vase et dans une corbeille; les médaillons du pourtour, des bouquets de fleurs. Des vases finement gravés sont réservés à droite et à gauche des médaillons peints du couvercle, du fond et des deux grands côtés. Époque Louis XV.

Haut., 27 millim.; long., 52 millim.; larg., 27 millim.

4 — **Boîte carrée** en or émaillé en plein sur fond guilloché. Elle est décorée d'oiseaux, de fleurs et d'animaux polychromes encadrés d'ornements émaillés bleu. Époque Louis XV.

Haut., 83 millim.; long., 67 millim.; larg., 50 millim.

(Collection Collot.)

5 — **Tabatière carrée** du temps de Louis XV en or émaillé en plein à fleurs de couleurs et paysages gravés, couverts d'émail bleu translucide.

Haut., 30 millim.; long., 67 millim.; larg., 52 millim.

6 — **Boîte de forme oblongue** à angles coupés en or guilloché, enrichie de cordons ciselés en relief et d'encadrements ciselés à feuillages et fleurettes émaillés vert, blanc, bleu, rouge et opale. Le dessus et le fond de cette boîte sont occupés par deux très belles peintures sur émail et sur or représentant : l'une, deux enfants satyres dansant dans un paysage au son de divers instruments joués par une nymphe et deux petits faunes; l'autre, un faune jouant de la flûte dans un paysage en présence de deux bacchantes. Époque Louis XVI.

Haut., 25 millim.; long., 92 millim.; larg., 40 millim.

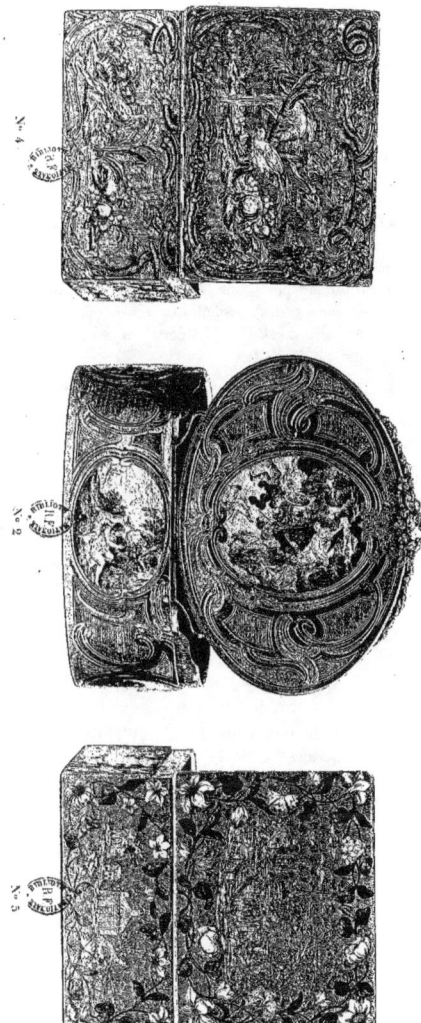

7 — **Grande boîte ovale** en or émaillé gros bleu, à l'imitation du lapis, avec application d'ornements en or finement ciselé et découpé à jour. Elle est enrichie, au fond et au pourtour, de médaillons ovales représentant des sujets ayant trait à l'amour, finement peints en grisaille et sur ivoire par De Gault. Son couvercle offre, à son centre, un portrait de femme peint sur émail d'une exécution remarquable. Les cadres des médaillons, ainsi que les cordons de la boîte, sont ciselés à chaînette et émaillés blanc et vert. Époque Louis XVI.

Haut., 38 millim.; long., 87 millim.; larg., 65 millim.

(*Collection Fould*.)

8 — **Grande boîte ovale** en or, à compartiments gravés et émaillés vert émeraude avec filets d'émail blanc au pourtour. Les cordons sont finement ciselés, à ornements, et les pilastres ciselés de même sont ornés de très petits médaillons ovales qui renferment chacun un buste d'homme ou de femme peint sur émail. Le couvercle et le fond sont enrichis de deux jolies peintures sur émail, à figures de femmes et d'amours, représentant des allégories aux arts. Précieux travail de la fin du règne de Louis XV.

Haut., 37 millim.; long., 82 millim.; larg., 57 millim.

9 — **Boîte ovale** du temps de Louis XVI, en or guilloché émaillé gris perle et enrichie de cordons de feuillages et de pilastres finement ciselés en relief et émaillés en couleurs. Le dessus est orné d'une peinture sur émail représentant Vénus et l'Amour.

Haut., 30 millim.; long., 68 millim.; larg., 53 millim.

(*Collections Véron et Martin Coster*.)

10 — **Boîte ovale** en or émaillé, décorée d'arbustes et d'oi-

seaux en grisaille sur fond opalin; cordons et pilastres composés de lauriers ciselés en relief et émaillés vert et rouge rubis. Le dessus de la boîte est enrichi d'une très belle peinture sur émail d'après Vernet, représentant des pêcheurs dans un paysage traversé par un cours d'eau. Époque Louis XVI.

Haut., 35 millim.; long., 82 millim.; larg., 61 millim.

(Collection Allègre.)

11 — **Grande boîte ronde** en or émaillé, à rubans alternés gros bleu, orange et filets blancs; cordons à feuillages ciselés en relief et émaillés vert, rouge et opalin; au centre du fond et du couvercle, médaillons émaillés en plein représentant des figures de nymphes et d'amours en grisaille sur fond rose.

Haut., 23 millim.; diam., 74 millim.

(Collections Collot et Allègre.)

12 — **Grande boîte ovale** en or de couleurs finement ciselé en relief, à sujets de personnages dans le style des maîtres flamands, sur fond gravé à mille raies. Elle est enrichie de cordons et de montants émaillés blanc, bleu et rouge, à ornements et feuilles, qui forment les encadrements des sujets. Époque Louis XV.

Haut., 39 millim.; long., 85 millim.; larg., 60 millim.

13 — **Boîte ovale** en or guilloché émaillé brun à cordons et pilastres décorés de feuillages ciselés en relief, émaillés vert émeraude et rehaussés de points d'émail imitant l'opale. Le dessus est enrichi d'une peinture sur émail de forme ovale représentant la Lecture de la Bible d'après Greuze, avec encadrement d'or et points d'émail opalin. Époque Louis XVI.

Haut., 27 millim.; long., 87 millim.; larg., 67 millim.

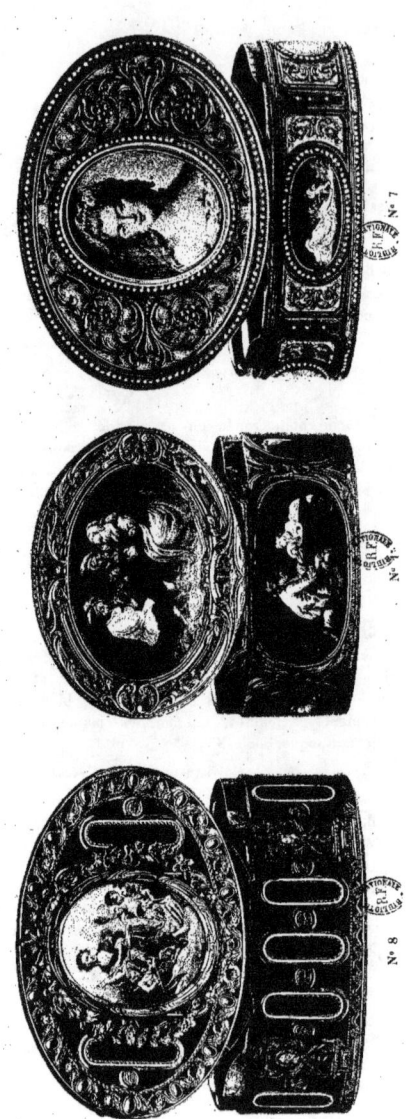

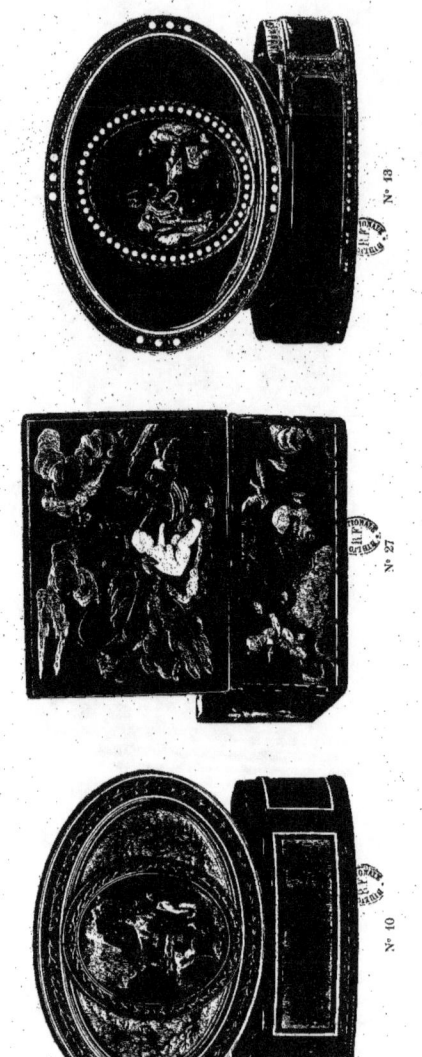

14 — **Boîte ovale** du temps de Louis XVI, en or guilloché à mille raies et émaillé à l'imitation d'agate arborisée sur fond opalin ; elle est enrichie de cordons ciselés à feuillages et de rosaces avec filets d'émail blanc formant encadrements.

Haut., 23 millim.; long., 89 millim.; larg., 45 millim.

15 — **Bonbonnière ronde** en or émaillé gros bleu, décorée de feuillages d'or rapportés. Le couvercle est orné d'une peinture sur émail entourée d'un rang de brillants et d'un rang de roses. Le bord offre un rang de turquoises et de roses alternées. Époque Louis XVI.

Haut., 22 millim.; diam., 65 millim.

16 — **Bonbonnière ronde** en or émaillé bleu, à l'imitation du lapis, avec filets d'émail blanc et cordons finement ciselés à feuilles. Le couvercle est enrichi d'un médaillon ovale représentant un groupe de trois personnages finement peint sur émail et encadré de fleurs et de branches de laurier en or ciselé. Époque Louis XVI.

Haut., 22 millim.; diam., 57 millim.

(Collection Du Boullay.)

17 — **Bonbonnière ronde**, modèle ballon, en or, à bandes parallèles émaillées rouge, blanc et bleu. Elle est enrichie de cordons finement ciselés, à feuillages et ornements en relief émaillés vert émeraude, rouge rubis et opale. Époque Louis XVI.

Haut., 28 millim.; diam., 57 millim.

18 — **Bonbonnière**, modèle ballon, du temps de Louis XVI, en or émaillé gros bleu étoilé d'or, filets blancs et cordons d'or à torsades.

Haut., 30 millim.; diam., 57 millim.

(Collection Reiset.)

PREMIÈRE PARTIE

19 — **Petite boîte ovale** du temps de Louis XVI, en or émaillé, à médaillons de paysages en camaïeu brun sur fond opalin, et enrichie de cordons ciselés en relief et d'émaux colorés.

Haut., 25 millim.; long., 58 millim.; larg., 44 millim.

20 — **Boîte ovale** en or émaillé gris perle, avec cordons décorés de feuillages appliqués en or sur fond vert; médaillon ovale sur le couvercle, représentant un sujet tiré de l'Histoire romaine. Époque Louis XVI.

Haut., 29 millim.; long., 82 millim.; larg., 60 millim.

(Collection Allègre.)

21 — **Petite boîte ovale** du temps de Louis XVI, en or guilloché émaillé violet et à cordons et montants formés de vases ciselés en relief et émaillés en couleurs. Le couvercle est orné d'un médaillon ovale en or de couleur ciselé, représentant une jeune fille tenant un panier de fleurs.

Haut., 26 millim.; long., 69 millim.; larg., 50 millim.

22 — **Petite boîte plate de forme contournée** en or ciselé. Le couvercle et le fond sont décorés de papillons et de corbeilles de fleurs, peints sur émail et se détachant sur un fond d'or mat. A l'intérieur, un petit miroir. Époque Louis XIV.

Haut., 11 millim.; long., 58 millim.; larg., 44 millim.

23 — **Drageoir de forme oblongue**, à contours, en or très finement ciselé, à sujets de chasse, fleurs et ornements; le fond est orné d'une cuvette en agate orientale de très belle nuance, et le couvercle, de même matière, est entouré d'une frise d'émail imitant le lapis. Époque Louis XIV.

Haut., 28 millim.; long., 75 millim.; larg., 55 millim.

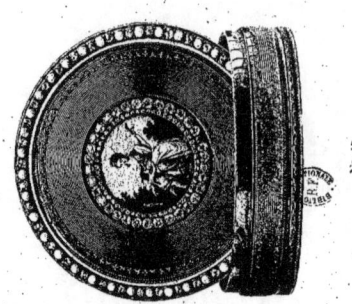

N° 15

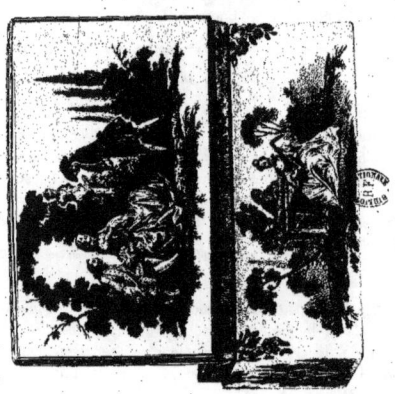

N° 37

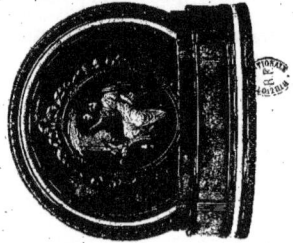

N° 16

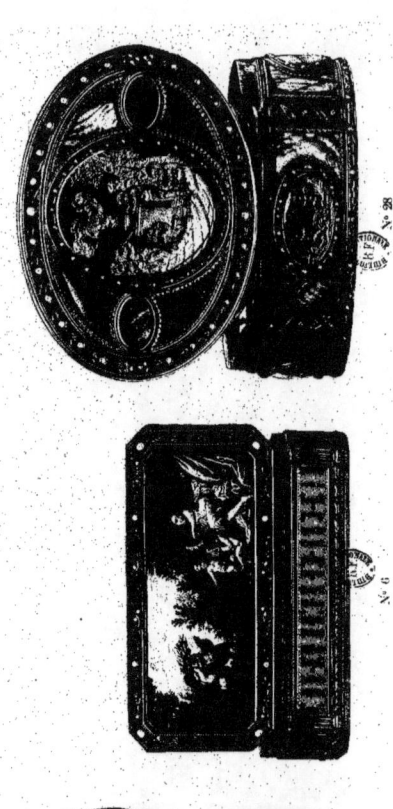

N° 38

N° 6

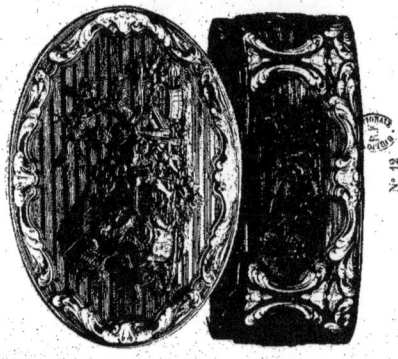

N° 12

TRAVAUX EUROPÉENS

24 — **Boîte de forme contournée** en or finement ciselé, à figures en costumes dans le goût de Watteau et ornements de style rocaille. Le couvercle est orné à l'intérieur d'une miniature sur vélin, représentant une scène de danse champêtre. Époque Louis XV.

Haut., 31 millim.; long., 67 millim.; larg., 58 millim.

25 — **Boîte de forme contournée** du temps de Louis XV, en or de couleur ciselé, décorée au pourtour et sur le couvercle de coquillages, de plantes marines et d'ornements rocaille.

Haut., 22 millim.; long., 58 millim.; larg., 47 millim.

(Collection Jitta, d'Amsterdam.)

26 — **Boîte ovale** en or de couleurs ciselé, à rosaces, pilastres, festons de laurier et enrichie de six médaillons renfermant chacun des trophées d'instruments de musique et autres. Époque Louis XVI.

Haut., 27 millim.; long., 63 millim.; larg., 47 millim.

27 — **Boîte oblongue** en or, du temps de Louis XV, enrichie sur toutes ses faces d'incrustations de nacre de perle sculptée en relief et représentant des jeux d'amours se détachant sur le fond d'or bruni. Monture à cage en or champlevé et émaillé en plein, à fleurs de couleurs. La gorge de la boîte porte le nom : *Vallayer aux Gobelins*.

Haut., 36 millim.; long., 75 millim.; larg., 58 millim.

28 — **Grande boîte ovale** en or ciselé et fond de magellan, à cordons et pilastres à feuillages émaillés vert, et perles fines. Elle est enrichie de six médaillons ovales en or repoussé, à figures d'amours, avec encadrements émaillés.
Beau travail du temps de Louis XVI.
Sur la gorge se trouve l'inscription suivante :
Menière, bijoutier du Roy, rue Mauconseil, à Paris.

Haut., 34 millim.; long., 86 millim., larg., 62 millim.

29 — **Boîte de forme oblongue** et à contours, en nacre de perle finement sculptée, cloutée d'or et enrichie d'ornements rapportés en or repoussé et découpé. Elle est montée à gorge à charnière et doublée en or. Époque Louis XV.

Haut., 39 millim.; long., 70 millim.; larg., 31 millim.

30 — **Bonbonnière ronde** en ivoire sculpté en bas-relief et décorée de jeux de nymphe et d'amours. Elle est montée en or de couleurs ciselé et doublée en écaille. Époque Louis XVI.

Haut., 27 millim.; diam., 71 millim.

31 — **Boîte oblongue** montée à cage, en or gravé, à chaînette et doublée d'or. Elle est garnie de panneaux en ancien laque du Japon, décorés d'éventails et d'oiseaux en or sur fond noir.

Cette boîte, qui date du temps de Louis XVI, est signée : *Roncel, orfèvre du roi, à Paris.*

Haut., 36 millim.; long., 81 millim ; larg., 42 millim.

32 — **Boîte de forme sphérique aplatie** en écaille blonde, enrichie d'ornements très fins en piqué et posé d'or. Très beau travail du temps de Louis XIV.

Haut., 47 millim.; diam., 75 millim.

(*Elle provient des collections de Mme la duchesse de Montebello et de M. Soret.*)

33 — **Boîte ovale** en écaille blonde. Monture à cage et pilastres en or ciselé, à feuillages émaillés vert et perles en émail bleu turquoise et blanc. Époque Louis XVI.

Haut., 24 millim.; long., 65 millim.; larg., 50 millim.

34 — **Boîte ovale** en vernis de Martin rouge uni, montée à charnière, doublée en or et garnie de galons en or gravé à guirlandes et repercé à jour.

Le dessus de la boîte est enrichi d'un émail ovale en

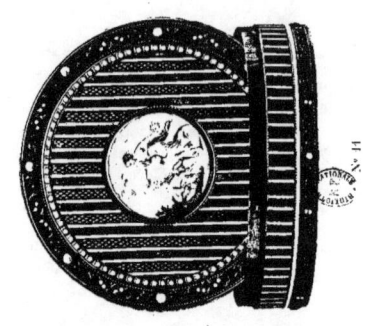

N° 14

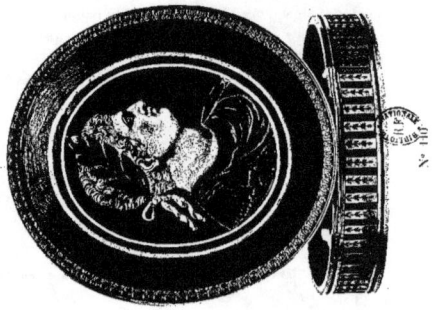

N° 107

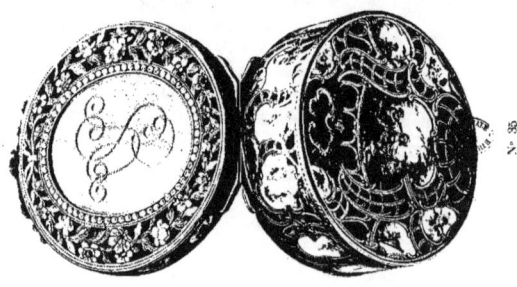

N° 36

largeur, représentant un groupe de personnages, costumés à l'orientale, au bord de la mer, d'après Joseph Vernet.
Époque Louis XVI.

Haut., 45 millim.; long., 92 millim.; larg., 66 millim.

35 — **Boîte ronde** en or dont le pourtour se compose d'ornements rocaille simulant des bosquets et formant des compartiments occupés soit par des plaques de cornaline, soit par du jaspe vert ou par des plaques d'ancienne porcelaine de Saxe. Ces dernières sont décorées de sujets champêtres, de vues de jardins et de fleurs de la plus grande finesse d'exécution. Le dessus présente un médaillon ovale renfermant les lettres S. A. R. enlacées, qui ne sont autres que le chiffre de *Stanislas Auguste, Roy de Pologne,* exécutées à l'aide d'une torsade d'or et rapportées sur un fond de soie bleue. Ce médaillon est entouré d'un feston de fleurs en or de couleurs finement ciselé qui se détachent sur un fond de cornaline. Le bec est formé d'une branche de fleurs en diamants. Cette boîte, qui a été exécutée à Dresde, fut offerte, ainsi que l'atteste une lettre d'envoi accompagnant la pièce, par le roi Stanislas Auguste, de Pologne, à un M. Thomas Greathe, le 9 octobre 1766.

Haut., 30 millim.; diam., 65 millim.

36 — **Boîte ovale** en ancienne porcelaine de Vienne, décorée, sur le dessus, d'une vue de ville au bord d'une rivière; au fond, d'une tête en grisaille sur fond rayonnant; au pourtour, de deux médaillons, bustes de femmes reliés par des sphinx et des rinceaux en grisaille sur fond brun et encadrements dorés.

A l'intérieur du couvercle, scène antique, peinte en grisaille.

Elle est montée à gorge à charnière en or de couleurs ciselé à feuilles de laurier.

Haut., 36 millim.; long., 77 millim.; larg., 58 millim.

37 — **Boîte de forme oblongue** en ancienne porcelaine de Saxe, décorée de groupes de personnages dans des paysages dans le goût de Watteau et à gorge de même porcelaine, décorée de fleurs. Monture à charnière en or et plaques composant le pourtour du couvercle serties en or.

Haut., 44 millim.; long., 84 millim.; larg., 48 millim.

(Collection de Morny.)

38 — **Très grande tabatière ovale** en vernis de Martin, à fond rouge transparent, et médaillons peints, sujets champêtres, d'après Boucher, encadrés d'ornements d'or; à l'intérieur du couvercle, très beau médaillon sur fond d'or, groupe de deux figures. Monture à gorge en or gravé.

Haut., 45 millim.; long., 96 millim.; larg., 75 millim.

(Collections de MM. le baron de Saint-Pierre et Allègre.)

39 — **Boîte ronde** en vernis de Martin, décorée de sujets champêtres finement peints dans le goût de Boucher, sur un fond aventuriné. Le dessus représente un groupe de quatre figures; le pourtour et le fond, des animaux dans des paysages et des monuments.

Haut., 34 millim.; diam., 82 millim.

40 — **Petite boîte de forme contournée** et s'ouvrant dans le sens de la largeur, en or ciselé à ornements émaillés en relief. Le fond et le couvercle sont garnis chacun d'une plaque d'agate orientale mamelonnée et on a incrusté dans la plaque du couvercle un camée sur calcédoine blanche à deux couches, qui représente le buste de Charles-Quint tourné vers la droite.

Ce camée date du xvie siècle et la boîte a été exécutée sous Louis XV.

Haut., 27 millim.; long., 65 millim.; larg., 48 millim.

(Collection Fould.)

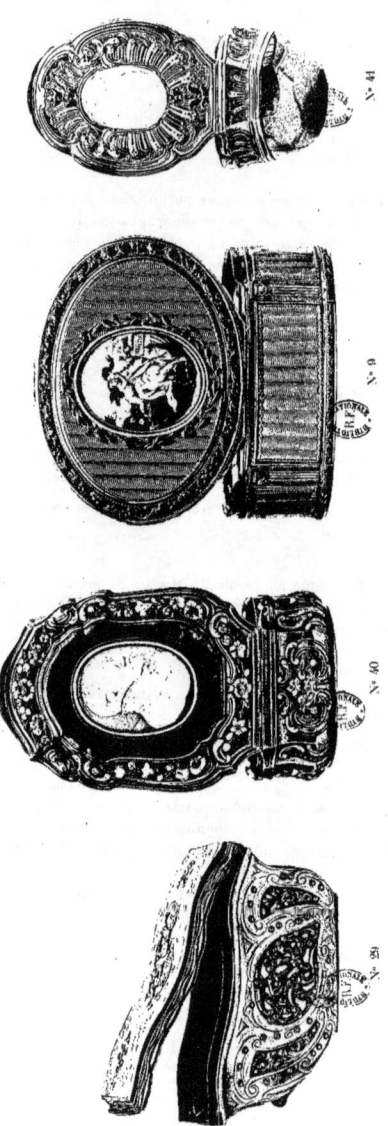

TRAVAUX EUROPÉENS

41 — **Petite boîte oblongue** formée d'une cuvette ovale en agate orientale mamelonnée. Elle est montée à gorge à charnière et à couvercle en or ciselé à coquilles et ornements, et rehaussée de fleurs et d'ornements émaillés en relief. Le dessus présente en outre à son centre un petit camée ovale sur sardoine à deux couches représentant un buste de femme de profil à gauche, se détachant en blanc sur le fond gris blond de la matière.
Le camée date du xvie siècle et la boîte de l'époque Louis XV.

Haut., 28 millim.; long , 47 millim.; larg., 39 millim.

42 — **Boîte de forme carrée** à angles coupés, en or finement ciselé à feuillages et perles en relief et filets d'émail blanc. Chacune de ses faces présente des compartiments garnis de plaques de cornaline rouge de très belle qualité et elle est doublée en or. Époque Louis XVI.

Haut., 28 millim.; long., 74 millim.; larg., 54 millim.

(Collection Fould.)

43 — **Boîte ronde** en sardonyx orientale, taillée à cuvette et montée à gorge à charnière en or uni. Époque Louis XV.

Haut., 33 millim.; diam., 56 millim.

(Collection de Lafaulotte.)

44 — **Boîte de forme contournée** dont le pourtour est en or ciselé à sujets de chasse, ornements et attributs, et dont le dessus ainsi que le fond sont formés de plaques d'agate orientale rougeâtre du plus beau ton. Époque Louis XV.

Haut., 33 millim.; long., 72 millim.; larg., 47 millim.

45 — **Drageoir de forme contournée** en agate orientale blonde, mamelonnée avec parties rouges jaspées, à pourtour profilé

et taillée à cuvette. Cette dernière présente à sa partie postérieure deux petites coquilles gravées en relief à l'extérieur et qui sont répétées à l'intérieur.

Monture à gorge à charnière, moulures et bec en or ciselé à ornements et feuillages en relief et émaillés en couleurs. Époque Louis XV.

Haut., 20 millim.; long., 73 millim.; larg., 54 millim.

46 — **Petite boîte contournée** en forme de navire, en cornaline montée en or et couvercle encadré d'ornements et de fleurs ciselés. Travail du temps de Louis XV.

Haut.. 30 millim.; long., 58 millim., larg., 48 millim.

(*Collection Beurdeley père.*)

47 — **Petite boîte oblongue** à angles arrondis en agate orientale de très belle nuance et montée à cage en or guilloché. Époque Louis XV.

Haut., 33 millim.; long., 52 millim.; larg., 40 millim.

48 — **Boîte de forme contournée** en agate orientale blonde montée à cage en or à moulures et à bec orné de diamants, de rubis et d'émeraudes. Époque Louis XV.

Haut., 38 millim.; long., 88 millim.; larg., 65 millim.

(*Collection du comte de Morny.*)

49 — **Petite boîte ronde** en agate rouge rubannée, montée à gorge à charnière en or ciselé. Le dessus est enrichi de divers attributs, d'un pigeonnier, d'un pigeon et de fleurs rapportés en relief et exécutés en diamants et émeraudes. Époque Louis XV.

Haut., 26 millim.; diam., 41 millim.

TRAVAUX EUROPÉENS

50 — **Petite boîte ronde et profonde** en agate orientale décorée de fleurs rapportées en or émaillé. Elle est montée en or gravé et décorée de fleurs émaillées en couleurs. Époque Louis XV.
Haut., 29 millim.; diam., 35 millim.

51 — **Petite boîte de forme ovale** en agate orientale, montée en or. Le couvercle est enrichi d'ornements en or repoussé ainsi que de diamants et de petits rubis. Époque Louis XV.
Haut., 23 millim.; long., 43 millim.; larg., 40 millim.

52 — **Boîte de forme contournée** en jaspe, montée en or gravé et émaillé, à trophées d'armes, paysages, coquille et quadrillages. Le dessus, entouré d'un rang de brillants, présente à son centre la lettre L surmontée d'une couronne et exécutée en brillants et roses. Époque de la Régence.
Larg., 70 millim.

(Collection Jitta, d'Amsterdam.)

53 — **Boîte** en forme de vase évasé et à contours, en jaspe sanguin, garnie d'une riche monture, dans le goût de de Bèsches, en or repoussé et ciselé, composée d'ornements rocaille et de fleurs. La pièce ouvre à double charnière, et, dans le compartiment inférieur, se trouve une montre. Époque Louis XV.
Haut., 58 millim.; diam., 60 millim.

(Collection Jitta, d'Amsterdam.)

54 — **Boîte de forme contournée** en jaspe sanguin, du temps de la Régence. Elle est montée en or gravé et le dessus et le fond sont incrustés d'or gravé. Le dessus représente un tertre avec arbre, monument en ruines et chien; le fond représente un arbuste.
Haut., 30 millim.; diam., 62 millim.

(Collection Jitta, d'Amsterdam.)

55 — **Boîte de forme contournée**, à pourtour profilé, en agate orientale blonde et mamelonnée, montée à cage en or à moulures. Époque Louis XV.

Haut., 32 millim.; long., 57 millim.; larg., 57 millim.

56 — **Petite boîte ovale** du temps de la Régence, en caillou d'Égypte, taillé à cuvette, montée à gorge à charnière en or gravé à fleurs et ornements.

Le couvercle se compose de plaques de lapis et de caillou d'Égypte, reliées entre elles par des bandes d'or gravé à ornements.

Haut., 23 millim.; long., 53 millim.; larg., 36 millim.

(*Collection Jitta, d'Amsterdam.*)

57 — **Petite boîte de forme oblongue**, à angles arrondis et rentrants, en caillou d'Égypte taillé à cuvette, et montée à gorge élevée, profilée, à charnière en or gravé, à groupes de fleurs, coquillages et ornements. Époque Louis XV.

Haut., 34 millim.; long., 44 millim.; larg., 42 millim.

58 — **Boîte ovale** en cristal de roche taillé à cuvette, avec très jolie monture en or ciselé, à festons de feuillages et cordons de perles en émaux simulant des pierreries de couleur. Époque Louis XVI.

Haut., 28 millim.; long., 74 millim.; larg., 50 millim.

(*Collection Oger de Bréart.*)

59 — **Boîte oblongue** en cristal de roche, taillé à cuvette, et présentant sur toutes ses faces extérieures des quadrillages diamantés. Elle est montée à gorge à charnière en or gravé et émaillé à fleurs et feuillages vert émeraude translucide. Époque Louis XV.

Haut., 36 millim.; long., 70 millim.; larg., 53 millim.

(*Collection Beurdeley père.*)

60 — **Boîte ovale** en cristal de roche taillé à cuvette unie ; monture à gorge à charnière en or finement ciselé à ornements. Époque Louis XVI.

Haut., 32 millim.; long., 58 millim.: larg., 47 millim.

61 — **Bonbonnière** en cristal de roche, en forme de coquille, taillée à cuvette et gravée à godrons. Monture à charnière en or ciselé à fleurs et ornements. Époque Louis XV.

Haut., 42 millim.; long., 65 millim.; larg., 46 millim.

(Collection de Mme la comtesse de la Béraudière.)

62 — **Petite bonbonnière ronde** en cristal de roche, à cuvette, taille diamantée ; gorge et galons en or de couleurs ciselé de la plus grande finesse. Époque Louis XVI.

Haut., 26 millim.; diam., 44 millim.

63 — **Boîte oblongue** en prime d'améthyste, taillée à cuvette et à couvercle formé d'une plaque de sardoine orientale, gravée en guise de camée et représentant un groupe de deux personnages au centre d'un monument à pilastres et ornements rocaille se détachant en rouge sur la couche blonde du fond.
Monture à charnière en or.
Époque Louis XV.

Haut., 35 millim.; long., 74 millim.; larg., 57 millim.

64 — **Petite boîte oblongue**, montée à cage en or ciselé à rosaces et ornements, avec pilastres aux angles
Elle est garnie de plaques de lapis de Perse de très belle qualité. Époque Louis XVI.

Haut., 30 millim.; long., 38 millim.; larg., 25 millim.

65 — **Drageoir de forme contournée** en lapis-lazuli, monté à gorge à charnière en or gravé à fleurs et rinceaux. Époque de la Régence.

Haut., 18 millim.; larg., 73 millim.

66 — **Boîte ronde** en écaille, doublée et montée à cage et à charnière en or. Le dessus est formé d'une jolie mosaïque de Rome, représentant un chien et un chat dans un paysage, encadrée d'un cercle d'or à larges filets d'émail bleu.

Haut., 36 millim.; diam., 80 millim.

(*Collection du baron Roger.*)

67 — **Boîte oblongue** en écaille noire, montée à charnière et doublée en or. Le dessus est formé d'une mosaïque de Rome, représentant un paysage animé par un certain nombre de personnages et des animaux, et encadrée d'une monture en or gravé.

Haut., 27 millim.; long., 84 millim.; larg., 61 millim.

68 — **Bonbonnière ovale** en acier ciselé sur fond damasquiné d'or. Elle est décorée, dans toutes ses parties, de monuments et d'ornements rocaille en relief. Époque Louis XV.

Haut., 37 millim.; long., 64 millim.; larg., 48 millim.

ÉMAUX

BORDIER
(Attribué à)

69 — **Médaillon** ovale émaillé sur or : Portrait d'homme de trois quarts, à droite, vêtu de noir et d'une large collerette blanche brodée. Il porte au revers la date de 1666. Cadre à réverbère en or ciselé à fleurs et ornements avec filet d'émail bleu au bord. Il est monté sur une boîte ronde en écaille noire.

Hauteur de l'émail, 42 millim.; larg., 35 millim.
Hauteur de la boîte, 25 millim.; diam., 75 millim.

(Collection Turgot.)

GREUZE
(D'après)

70 — **Médaillon** ovale finement peint sur émail. Il représente une scène d'intérieur. Cadre en or ciselé. Travail du temps de Louis XVI. Il est placé sur une boîte ronde en écaille et encadré d'un cercle d'or de couleur ciselé.

Hauteur de l'émail, 34 millim.; larg., 29 millim.

PETITOT

71 — **Très beau portrait** ovale du cardinal Mazarin, peint sur émail par Petitot, monté dans un cadre à réverbère en or, à filet d'émail bleu, et placé sur une boîte ronde en écaille doublée en or. Cet émail est considéré comme un des mieux réussis de l'artiste.

Haut., 20 millim.; larg., 18 millim.

(Collections du comte de Tankerville et Spencer Cowper.)

PETITOT

72 — **Beau portrait de femme** (Mme de Montespan?) peint sur émail par Petitot; il est monté dans un cadre à réverbère en or et à filet d'émail blanc placé sur une boîte ronde en écaille.

Haut., 33 millim.; larg., 28 millim.

PETITOT

73 — **Portrait** du roi Louis XIV, vu de trois quarts à droite. Cet émail est monté dans un cadre à réverbère en or ciselé avec filet d'émail bleu et sur une boîte oblongue en écaille noire doublée en or.

Hauteur de l'émail, 22 millim.; larg., 19 millim.

MINIATURES

AUGUSTIN

74 — **Miniature** ronde sur ivoire, signée à gauche: Augustin, 1793 : Portrait de Rosalie Duthé, vue à mi-corps, vêtue de blanc, le sein et le bras gauche découverts; fond de paysage. Cadre en or, à réverbère, à filet d'émail blanc.

Diam., 78 millim.

(Collection Maze-Sencier.)

AUGUSTIN

75 — **Grande miniature** ovale, signée 1790 : Portrait de Mlle de Raucourt, vue de face, la tête couronnée de fleurs et vêtue

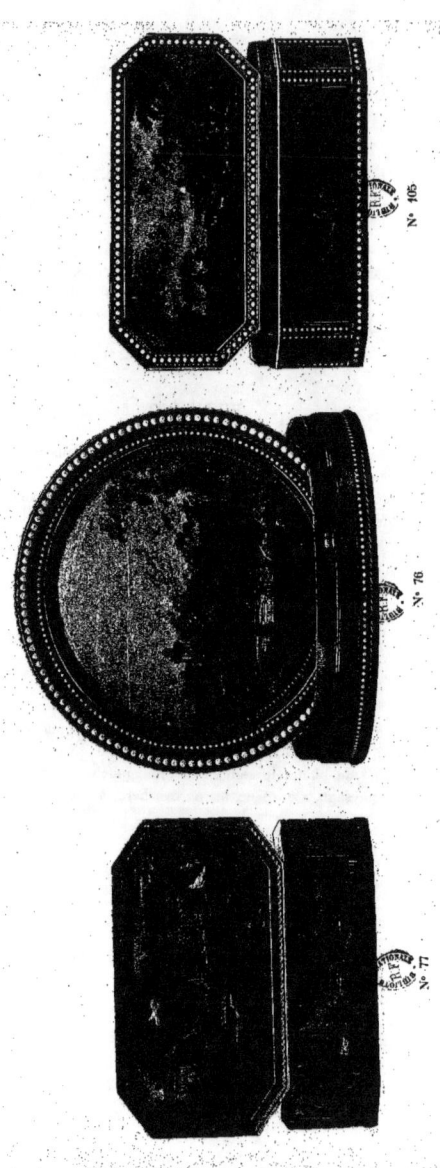

d'un corsage blanc avec large ceinture ornée de pierreries. Belle bordure en or à réverbère et à pois émaillés blanc.

Haut., 82 millim.; larg., 70 millim.

(*Collection de M*^{me} *la comtesse de la Béraudière.*)

VAN BLARENBERGHE

76 — **Miniature** ronde sur vélin, signée. Elle représente un paysage traversé par un cours d'eau sur lequel naviguent des pêcheurs au filet. Au premier plan, jardin fleuriste ; sur la rive opposée, belvédère monumental, chaumière, ferme et habitation du fermier.

Ce paysage est la reproduction du petit Trianon, tel qu'il existait à l'époque de Marie-Antoinette. Elle est montée sur une boîte ronde du temps de Louis XVI en or guilloché, à mille raies et à pois, et émaillée gros bleu avec cordons de perles d'émail blanc et torsades d'or.

Diamètre de la miniature, 70 millim.
Diamètre de la boîte, 94 millim.

(*Collection Lévy-Crémieu.*)

VAN BLARENBERGHE

77 — **Boîte de forme oblongue** à angles coupés, montée à cage en or de couleur finement ciselé à chaînette et ornements, et doublée en or. Elle est enrichie sur toutes ses faces de très jolies miniatures gouachées par *Van Blarenberghe*, représentant toutes des scènes tirées de la fable des *Deux Pigeons* de La Fontaine. Ces sujets sont traités d'une façon remarquable. Époque Louis XVI.

Haut., 30 millim.; long., 82 millim.; larg., 46 millim.

VAN BLARENBERGHE

78 — **Miniature** rectangulaire sur vélin. Elle représente une fête champêtre : au premier plan, à droite, divers personnages

semblent s'intéresser à un jeu de main-chaude qui occupe le centre du tableau ; à gauche, un paysan accourt tenant dans la main un bouquet d'orties destiné à surprendre désagréablement la main du patient; au fond, se trouve un jeu d'escarpolette, et des villageois dansent en rond. Ce charmant paysage, enrichi de vingt-quatre personnages ainsi que de onze animaux divers de la plus grande finesse d'exécution, est placé sur une petite boîte oblongue en écaille, montée à gorge à charnière en or.

Haut., 37 millim.; larg., 62 millim.

(Collection de Mme la comtesse de la Béraudière.)

VAN BLARENBERGHE

79 — **Très petite miniature** ovale sur vélin, représentant une fête champêtre composée de vingt-sept figures. Elle est montée sur une petite boîte ovale en or ciselé, de style Louis XVI.

Longueur de la miniature, 18 millim ; larg., 15 millim.

(Collection Reiset.)

CAMPANA
(Attribuée à)

80 — **Miniature** ovale sur ivoire : Portrait de jeune femme vue de trois quarts, vêtue de blanc et d'une ceinture bleue. Un médaillon est appendu à son cou à l'aide d'une chaîne d'or. Cadre en or gravé à chaînette.

Haut., 63 millim.; larg., 53 millim.

CAPET
(Attribuée à MARIE)

81 — **Grande miniature** ronde sur ivoire : Portrait de femme vêtue de blanc et d'une ceinture bleue avec ruban de

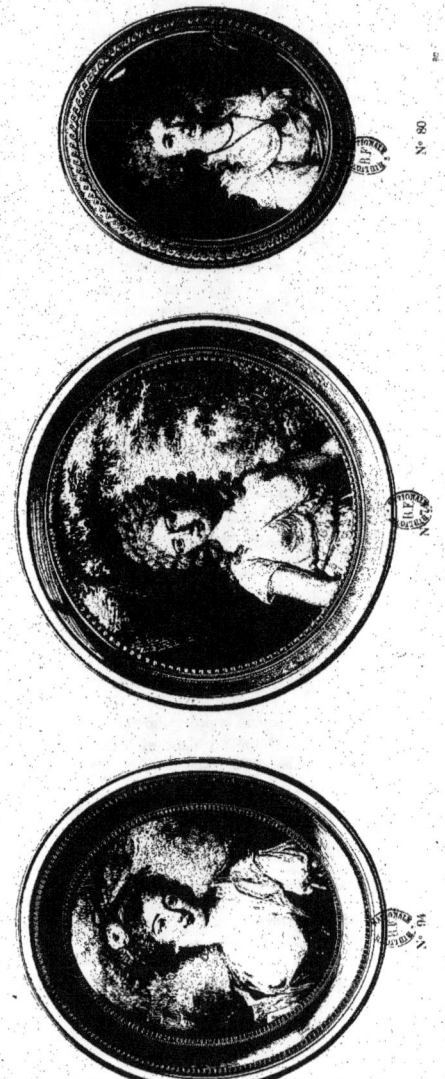

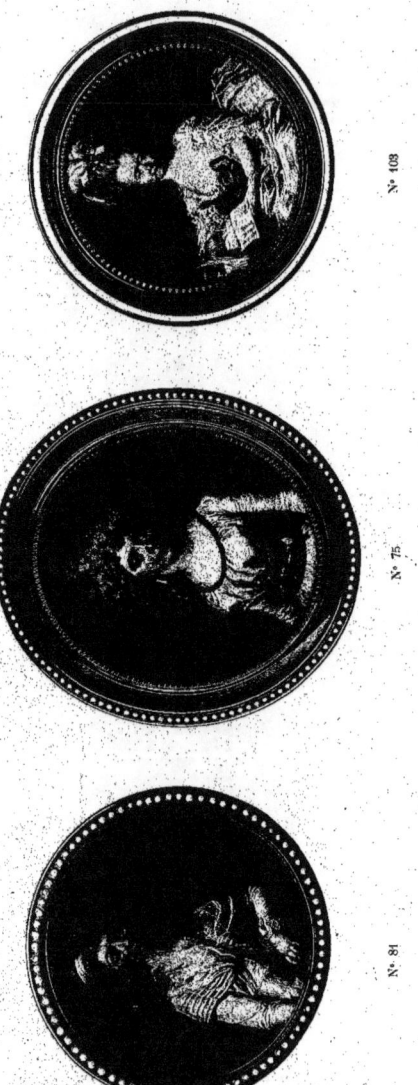

même nuance dans les cheveux. Elle est tournée de trois quarts à droite et s'appuie du bras gauche sur un tertre.

Cette miniature peut être attribuée à *Marie Capet*, célèbre artiste à la cour de Louis XVI.

Elle est montée dans un cadre en or à points saillants en émail blanc.

Diam., 80 millim.

COOPER
(SAMUEL)

82 — **Miniature** ovale sur vélin : Portrait du fils d'Olivier Cromwell. La tête seule est terminée ; le costume est resté à l'état d'ébauche. Elle est montée sur une boîte ronde en écaille noire.

Hauteur de la miniature, 52 millim.; larg., 40 millim.

COOPER
(Attribuée à SAMUEL)

83 — **Miniature** ovale sur vélin : Personnage du XVIIe siècle, à longs cheveux tombant sur les épaules. Elle est montée sur une boîte ronde en écaille noire.

Hauteur de la miniature, 52 millim.; larg., 41 millim.

(*Collection Maze-Sencier.*)

COSWAY

84 — **Miniature** ovale sur ivoire : Portrait de femme de trois quarts à gauche. Elle est vêtue d'un corsage blanc garni de rubans violets et de rangs de perles. Les cheveux poudrés sont retenus par des perles. Cadre en or à double torsade et chevalet.

Haut., 62 millim.; larg., 49 millim.

DUMONT
(FRANÇOIS)

85 — **Miniature** ronde sur ivoire : Portrait de la duchesse de Polignac, la célèbre amie de Marie-Antoinette. Elle est montée sur une boîte en poudre d'écaille jaspée. Gorge et monture en or, cercles ornés de torsades en or vert.

Diamètre de la miniature, 57 millim.

(Collection Mazo-Sencier.)

DUMONT

86 — **Grande miniature** ronde sur ivoire : Portrait de jeune femme, vue à mi-jambes, vêtue d'une robe vert clair, la tête poudrée, les cheveux retenus par un ruban rose.
Elle tient des roses de ses deux mains. La figure se détache sur un fond boisé avec cascade à gauche. Signée au bas, à gauche. Cadre en or avec points saillants en émail blanc.

Diam., 85 millim.

(Collection Lévy-Crémieu.)

FERRON
(ÉLISABETH)

87 — **Portrait de femme** ovale peint sur émail et signé : *Élisabeth Ferron pinxit*. Elle est représentée de trois quarts à droite, les cheveux poudrés retombant en boucles sur les épaules et coiffée d'un large chapeau de paille, garni de rubans bleus à la partie supérieure.
Elle est vêtue d'un corsage bleu et d'une écharpe blanche. Époque Louis XVI. Cadre en or à filet d'émail bleu.

Haut., 62 millim.; larg., 52 millim.

(Collection Turgot.)

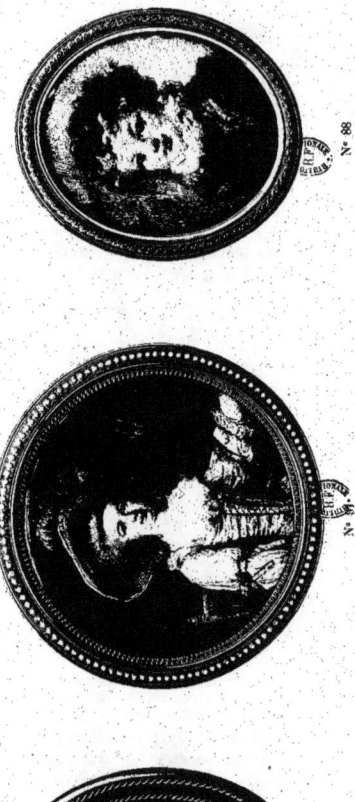
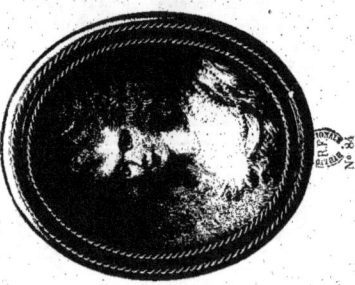

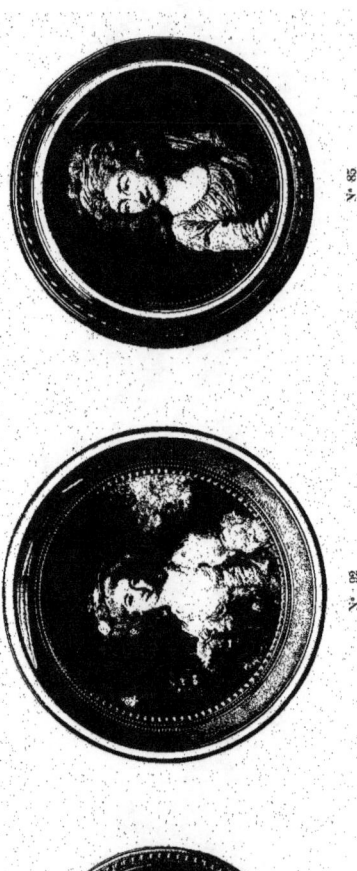

FRAGONARD
(HONORÉ)

88 — **Miniature** ovale sur ivoire : Portrait de jeune garçon vu de trois quarts; collerette blanche plissée, cravate noire. Cadre en or ciselé.

Haut., 58 millim.; larg., 46 millim.

(Collection Laperlier.)

GUÉRIN

89 — **Miniature** ronde sur ivoire, signée : *Guérin, 1791*. Elle représente une jeune femme assise vêtue de blanc et vue à mi-corps, tenant un enfant sur ses genoux. Ce dernier porte une robe jaunâtre.
Cadre à réverbère en or avec points d'émail blanc.

Diam., 75 millim.

HALL

90 — **Portrait** de Madame Adélaïde de France (fille aînée de Louis XV, née à Versailles en 1780), peint en miniature sur ivoire par Hall, d'après le portrait au pastel de Mme Guyard, née Labille (Musée du Louvre). Il est monté sur une boîte ronde en écaille à gorge en or, et à bordure et encadrement en or ciselé à perles en relief.

Diamètre de la miniature, 58 millim.
Diamètre de la boîte, 89 millim.

(Collection Sorot.)

HALL

91 — **Miniature** ronde sur ivoire signée : Portrait de jeune femme, vue à mi-corps, assise, la tête tournée de trois

quarts à droite. Elle est vêtue d'un corsage bleu garni d'une rose et les manches blanches sont retenues par des rubans bleus. Elle est coiffée d'un large chapeau d'étoffe grisâtre garni de plumes bleues.

Cadre en or avec rang de perles d'émail blanc au bord.

Diam., 67 millim.

(Collection Lévy-Crémieu.)

HALL

92 — **Miniature** ronde sur ivoire : Portrait de Mlle Dugazon. Elle porte un corsage violacé et des manches blanches. Elle est coiffée d'un chapeau de paille couvert de fleurs. Le buste se détache sur un fond boisé et fleuri.

Cadre à réverbère en or avec filet d'émail blanc.

Diam., 60 millim.

(Collection Allègre.)

HALL

93 — **Miniature** ovale sur ivoire, signée : *Hall. Suédois 1778.* Portrait du comte d'Artois, vu à mi-corps, vêtu d'un riche costume de cour bleu et d'un gilet brodé d'or. Il tient son chapeau de la main droite et porte la plaque et le grand cordon de l'ordre du Saint-Esprit. La tête est légèrement tournée à gauche.

Cadre en cuivre doré avec rang de perles.

Haut., 82 millim.; larg., 67 millim.

(Collection Allègre.)

HALL

94 — **Miniature** ovale : Portrait de jeune femme, signé à gauche : *Hall.* Ruban vert et fleurs dans les cheveux; fichu dénoué

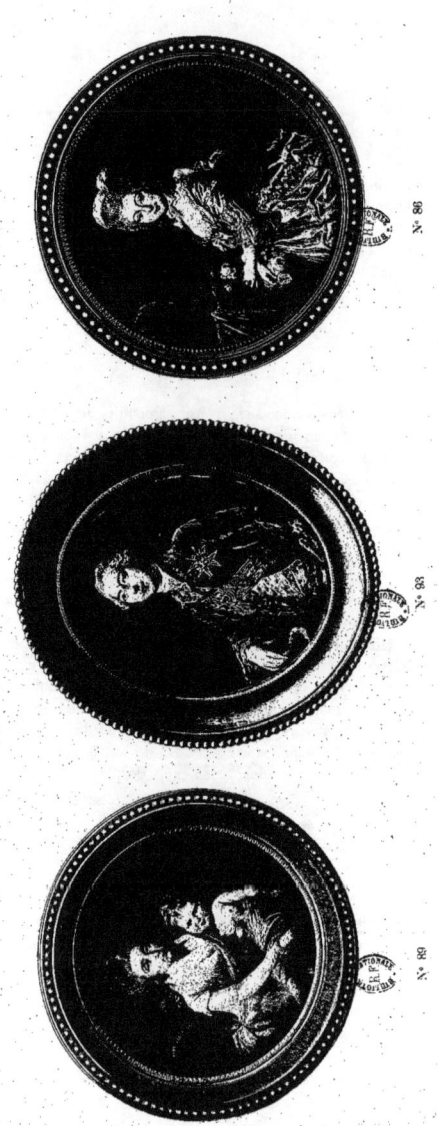

et seins en partie découverts. Cadre en or à réverbère, bordé d'un filet d'émail blanc.

Haut., 71 millim.; larg., 57 millim.

(Collection Maze-Sencier.)

HALL

95 — **Miniature** ovale sur ivoire, signée : *Hall*. Portrait de Gluck, de trois quarts à droite. Il est vêtu d'un habit brun à collet vert. Elle est montée sur une boîte ronde en écaille noire et encadrée d'un jonc en or.

Hauteur de la miniature, 40 millim.; diam., 32 millim.

HALL
(Attribuée à)

96 — **Miniature** ovale sur ivoire : Portrait d'homme vu de trois quarts à gauche, les cheveux poudrés. Il est vêtu d'un habit rouge avec revers blancs.

Cadre en or de couleurs, ciselé à feuilles d'eau.

Haut., 55 millim.; larg., 43 millim.

ISABEY

97 — **Très belle miniature** ovale sur ivoire, signée : *Isabey. 1805.* Portrait de l'impératrice Joséphine. Elle est vêtue d'un corsage noir ouvrant sur la poitrine avec garniture formant collerette blanche droite et plissée. La tête, tournée vers la gauche, est coiffée d'une toque noire garnie d'une plume blanche.

La bordure, en or émaillé à filet noir et bordé d'un rang de perles, forme médaillon et présente au revers une mèche de cheveux.

Hauteur totale, 60 millim.; larg., 42 millim.

(Collection de La Béraudière.)

ISABEY

98 — **Miniature** en hauteur sur ivoire : Portrait de l'impératrice Joséphine, de trois quarts et un peu tournée vers la droite. Elle est vêtue d'une robe blanche décolletée et d'un châle rouge posé sur son épaule gauche. Ses cheveux sont retenus par un diadème orné d'un camée. Cette miniature est montée dans un cadre de forme octogone allongée, en or à filet émaillé bleu, et posée sur une boîte rectangulaire en écaille noire, ouvrant dans le sens de la longueur.

Hauteur de la miniature, 70 millim.; larg., 33 millim.
Hauteur de la boîte, 25 millim.; long., 86 cent.

ISABEY
(JACQUES)

99 — **Miniature** ovale en hauteur sur ivoire : Portrait de l'impératrice Marie-Louise, vêtue d'un corsage noir, la partie supérieure des manches garnie de dentelles. Elle porte un rang de perles en guise de diadème et des roses blanches sur le sommet de la tête. Les oreilles sont garnies de pendeloques de perles et son col d'un rang de perles. Cette miniature signée : *Jacques,* prénom d'Isabey, est montée dans un cadre à réverbère, en or ciselé bordé d'un filet d'émail bleu, et placée sur une boîte oblongue, en or guilloché, rehaussée de rinceaux fleuris et feuillages émaillés bleu.

La boîte ouvre dans le sens de la largeur.

Haut., 21 millim.; long., 71 millim.; larg., 54 millim.

ISABEY

100 — **Miniature** ovale sur ivoire, signée : *Isabey*. Portrait de Napoléon 1er, de trois quarts à droite et portant l'habit de

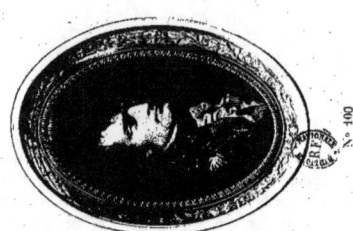

N° 100

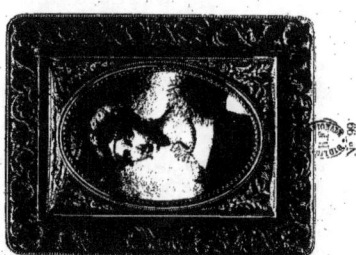

N° 99

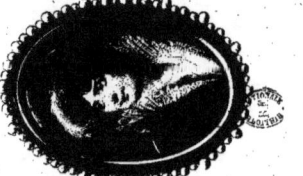

N° 97

membre de l'Institut de France. Elle est montée dans un cadre à réverbère en or ciselé et à filet émaillé bleu clair, et placée sur une boîte ronde en écaille noire de l'Inde.

Hauteur de la miniature, 52 millim.; larg., 33 millim.

ISABEY

101 — **Miniature** ovale en hauteur, signée : *Isabey, 1814*. Portrait du roi Louis XVIII. Dans un cadre octogone en or ciselé fleurdelisé.

Haut., 66 millim.; larg., 31 millim.

(*Collection J. Martin.*)

LAWRENCE
(Attribuée à)

102 — **Miniature** ronde sur ivoire : Portrait de jeune femme en buste, vêtue de blanc. Elle se présente de face, les cheveux garnis d'un bouquet de roses et coiffée d'un chapeau de paille entouré d'un large ruban bleu rayé de blanc. Le fond est couvert d'arbustes.

Cadre à réverbère en or gravé à chaînette.

Diamètre de la miniature, 60 millim.
Diamètre du cadre, 88 millim.

MOSNIER

103 — **Miniature** ronde sur ivoire, signée : *Mosnier, 1778*. Portrait de femme en robe mauve décolletée, écrivant une lettre sur laquelle on lit : « N'écrivez plus et venez. »

Cadre à réverbère en or à filet d'émail blanc.

Diam., 68 millim.

SIRANI

104 — **Miniature** carrée sur vélin : la Vierge et saint Joseph en adoration. Dans un cadre en bois sculpté et doré.

Hauteur sans cadre, 130 millim.; larg., 102 millim.

SAVIGNAC
(DE LIOUX DE)

105 — **Boîte de forme oblongue** et à angles coupés, à cage en or émaillé fond bleu et ornements gravés réservés, rehaussée de points d'émail blanc en relief.

Cette boîte doublée en or est enrichie sur toutes ses faces de fixés très finement peints par *De Lioux de Savignac*, représentant des sujets de chasse au cerf et au sanglier. Époque Louis XVI.

Haut., 32 millim.; long., 86 millim.; larg., 41 millim.

SAVIGNAC
(DE LIOUX DE)

106 — **Miniature** gouachée sur vélin représentant un port de mer; au premier plan, groupe de portefaix; plus loin, un navire portant les armes de France au grand mât. Cette miniature porte la signature de l'artiste et la date de 1774. Dans un cadre du temps de Louis XV, en bronze finement ciselé et doré.

Haut., 112 millim.; larg., 90 millim.

SICARDI

107 — **Miniature** ovale sur ivoire portant les initiales J. S. (Sicardi), 1784 : Portrait de Mme la comtesse de Jersey; elle

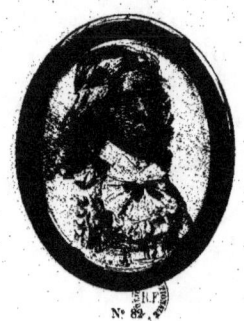
N° 82

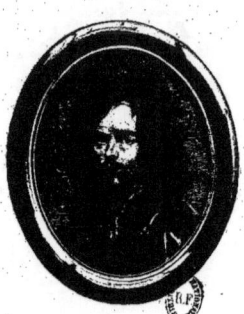
N° 83

N°

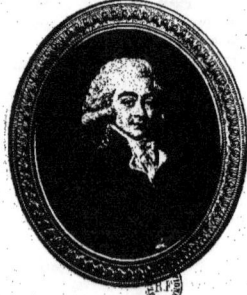
N° 96

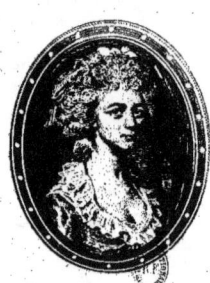
N° 107

est vue de trois quarts et tournée vers la droite; elle est vêtue d'un corsage jaune et d'un fichu blanc plissé. Ses cheveux sont retenus par un nœud de ruban rose. Elle est montée dans un médaillon en or émaillé noir à filets d'or réservés et à points d'émail bleu clair.

Le revers offre les initiales M. C. (Marie Christine) en or découpé, appliquées sur un fond de verre opale et entourées d'une natte de cheveux.

Hauteur de la miniature, 50 millim.; larg., 38 millim.
Hauteur du médaillon, 60 millim.; larg., 48 millim.

VERNET

(D'après JOSEPH)

108 — **Miniature** ronde à l'encre de Chine, représentant l'entrée d'un port de mer. Au premier plan, des pêcheurs préparent leurs filets.

Elle est montée sur une boîte ronde en écaille, avec cercle d'or.

Diamètre de la miniature, 63 millim.

VESTIER

109 — **Miniature** ronde sur ivoire, signée : *Vestier*. Portrait de Mme la comtesse de Roure, de la suite de Madame, vêtue de blanc et portant un corsage violet. Elle tient une rose de la main gauche.

Cadre à réverbère en or gravé à chaînette.

Diam., 70 millim.

PIERRES GRAVÉES

CAMÉES

110 — **Onyx oriental à trois couches. Camée antique.** Buste de l'empereur Auguste, de profil à droite, tête laurée. La tête est ornée d'un filet réservé en gris clair de forme ovale, d'une régularité remarquable. Cette superbe pierre, de forme ovale, mesure 77 millimètres de hauteur sur 68 millimètres de largeur. Elle occupe le dessus d'une boîte ovale en or, s'ouvrant dans le sens de la longueur; le pourtour de cette boîte est orné de pilastres ciselés sur fond d'or jaune mat. Le fond guilloché à fleurons est entouré d'une bande à petits ornements brunis sur fond d'or mat.

Hauteur de la boîte, 20 millim.; long., 85 millim.; larg., 75 millim.

(Collections Demidoff et Allègre.)

111 — **Sardonyx oriental à trois couches** dont deux rougeâtres et l'autre intermédiaire blanche. Camée ovale du xvi° siècle, représentant une Victoire ailée montée sur un char traîné par deux chevaux au galop. La monture en or émaillé, dans le style du xvi° siècle, se compose d'ornements repercés à jour et elle est enrichie à sa partie inférieure de trois pendeloques formées chacune de deux perles fines superposées.

Hauteur totale, 50 millim.

112 — **Agate onyx à deux couches.** Camée ovale en largeur, du xvi° siècle (couche blanche sur fond brun clair), représentant la Continence de Scipion, scène composée de onze personnages. La monture en or émaillé et de style Renaissance est formée d'un entourage à rinceaux réservés sur fond d'émail noir et de quatre chatons émaillés bleu contenant

des rubis. Trois perles baroques sont appendues à sa partie inférieure et il est suspendu à deux chaînettes d'or reliées entre elles par un motif en or émaillé blanc avec chaton carré contenant un rubis et perle pendeloque à sa partie inférieure.

Hauteur totale du bijou, 70 millim.

113 — **Calcédoine orientale à deux couches. Camée.** Buste d'empereur romain, de profil à droite. Monture en or émaillé repercé à jour. xvie siècle.

Hauteur de la pierre, 26 millim.
Hauteur totale, 36 millim.

114 — **Jaspe agate. Camée.** Tête de Jupiter de profil et tournée vers la droite. La tête se détache en blanc sur un fond rouge. Monté en bague d'or.

115 — **Agate onyx à deux couches. Camée.** Masque scénique de face. Couche blanche sur fond brun. Monté en épingle d'or.

116 — **Agate orientale à deux couches.** Petit bijou en or émaillé, à ornements découpés à jour et enrichi d'un camée représentant deux bustes accolés. xvie siècle.

Haut., 36 millim.

(*Collection Roux.*)

117 — **Sardonyx oriental.** Épingle formée d'un petit buste de nègre en sardonyx oriental monté en or et garni de roses de Hollande. Époque Louis XV.

Haut., 30 millim.

118 — **Lapis-lazuli de Perse.** Petit buste de bacchante finement

gravé; sur piédouche en argent doré et base carrée en cristal de roche.

Hauteur du buste, 28 millim.
Hauteur totale, 73 millim.

119 — **Corail**. Cachet formé d'une statuette de Moïse debout, portant les tables de la loi et reposant sur une base ornée de trois mascarons, garnie en or et enrichie de pierreries.

Haut., 84 millim.

INTAILLES

120 — **Cornaline. Intaille.** Tête de philosophe grec, de profil à droite. Travail antique. Montée en bague d'or.

121 — **Cornaline. Intaille.** Tête de femme, de profil à gauche. Travail antique. Montée en bague d'or.

122 — **Cornaline. Intaille.** Tête d'Antinoüs de face, représenté sous la forme d'une divinité égyptienne. Sujet analogue à celui qui a figuré dans la collection Pulski, aujourd'hui au Musée britannique. Montée en bague d'or.

(Collection Louis Fould.)

123 — **Cornaline. Intaille.** Tête de Silène. Travail antique. Montée en bague d'or.

(Collection Castellani.)

124 — **Grenat. Intaille.** Femme à demi nue, tenant un masque de satyre. Beau style grec. Montée en bague d'or et entourage de roses.

(Collection Castellani.)

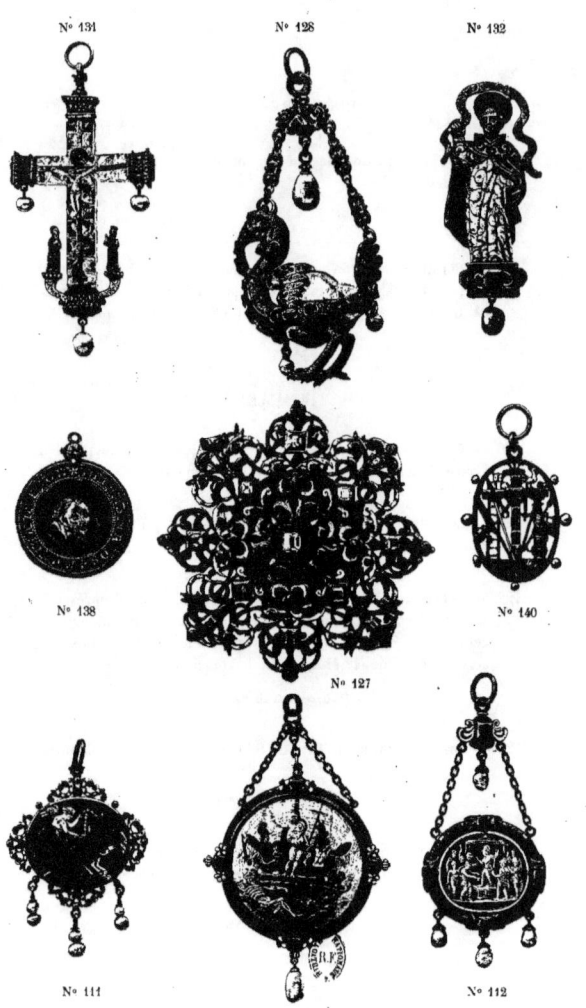

125 — **Cornaline**. Intaille. Tête d'homme barbu, de profil à gauche. Travail antique grec. Montée en bague d'or.

(Collection Évans-Lombe.)

126 — **Jaspe vert**. Intaille. Mercure debout tenant le caducée. Travail antique. Montée en bague d'or.

BIJOUX DES XVI' ET XVII' SIÈCLES

127 — **Grand bijou** formé d'une large rosace composée d'ornements en or, repercé à jour et émaillé en couleurs. Ce bijou est enrichi de diamants tables et de rubis. Le fond sur lequel repose la rosace principale est émaillé vert et il est entouré d'ornements en or émaillé et découpé à jour. Le fond extérieur a un couvercle ouvrant à charnière, décoré d'un oiseau et de fleurs émaillés en couleurs translucides sur un fond d'émail blanc opaque. Travail italien du xvi° siècle.

Diam., 73 millim.

128 — **Bijou-pendentif** en or émaillé enrichi de rubis et de perles fines, en forme de poule d'Inde dont le corps est formé de deux grosses perles fines. L'attache supérieure et ses deux chaînettes sont enrichies de rubis et d'une perle pendeloque. Travail du xvi° siècle.

Hauteur totale, 80 millim.

129 — **Médaillon** rond en or émaillé, du xvi° siècle, enrichi de rubis et garni de deux plaques en cristal de roche, permettant de voir à l'intérieur un très beau bijou à deux faces représentant la Résurrection, aussi en or émaillé. Le

sépulcre est supporté par un squelette et par un démon. Il est enrichi de trois chaînes de suspension en or et se termine à sa partie inférieure par une perle pendeloque.

Hauteur totale, 75 millim.; diam., 50 millim.

130 — **Collier** composé de treize motifs d'ornements ajourés en or émaillé blanc, rehaussé de points d'émail bleu et rouge et repercé à jour. Chacun desdits chatons offre à son centre, et de deux en deux, un diamant table ou un rubis entouré de deux ou quatre perles fines. Travail italien du xvi° siècle.

Long., 31 cent.

131 — **Bijou-pendentif** en forme de croix, en cristal de roche, montée en or émaillé et enrichie des figures du Christ et des saintes femmes, émaillées de même. Les branches de la croix sont garnies de perles pendeloques. Travail du xvi° siècle.

Hauteur totale, 77 millim.

132 — **Petite statuette** de saint personnage debout, en or émaillé, sur base carrée formant reliquaire, à ornements découpés à jour et enrichis d'émeraudes. Ce bijou, destiné à être suspendu, est garni d'une perle poire à sa partie inférieure; on lit sur une banderole placée au-dessus de la tête du saint : ME·TE·DEVM·ET·DAT. Travail du xvi° siècle.

Haut., 63 millim.

(Collection Cottreau.)

133 — **Collier** en or émaillé composé de petits maillons à rosaces, à fond blanc et pois rouges, avec entredeux formés de croissants noirs surmontés de points rouges. Il est

enrichi de pendentifs formés de petites perles fines. Travail italien de la fin du xvi⁰ siècle.

Long., 88 cent.

134 — **Bijou** en forme de barque montée par quatre personnages exécutés en pâte brune et en or émaillé; il est garni de ses chaînes de suspension en or et perles fines. Travail italien du xvi⁰ siècle.

Hauteur totale, 72 millim.

135 — **Bijou** formé d'un cerf dans l'attitude de la course, en or émaillé enrichi de rubis, d'émeraudes et de perles, et suspendu à l'aide de deux chaînettes. xvi⁰ siècle.

Hauteur totale, 55 millim.

136 — **Couteau et fourchette** à manches en or émaillé noir et décorés de fleurs, de rinceaux et d'oiseaux finement gravés et réservés en or. La fourchette est en or et le couteau a une lame d'acier. xvi⁰ siècle.

Long., 164 et 140 millim.

137 — **Bijou-pendentif** composé d'enroulements en or découpé et émaillé bleu, noir et blanc, enrichi de perles fines. Époque Louis XIII.

Long., 66 millim.; larg., 33 millim.

(Collection Beurdeley.)

138 — **Tête de saint Jean** en or émaillé, placée au centre d'un bijou circulaire en agate orientale avec bordure en or portant l'inscription suivante : NON · INTER · NATOS · MVLIERVM. Travail du commencement du xvi⁰ siècle.

Diam., 31 millim.

139 — **Reliquaire** en forme de lanterne, montée en or émaillé et grenat. Il renferme une sculpture très fine en bois représentant diverses scènes tirées de la Passion. xvi° siècle.

Haut., 38 millim.

140 — **Médaillon** ovale en or émaillé, repercé à jour et enrichi de rubis, saphirs et perles fines. Il représente les divers instruments de la Passion et porte le monogramme du Christ. xvi° siècle.

Haut., 40 millim.

141 — **Médaillon** ovale formant cassolette en cuivre doré. Il présente sur une de ses faces une plaque de verre bleu incrustée d'or et émaillée à fleurons et ornements de couleurs variées. L'autre côté est garni d'une plaque d'émail décorée de rinceaux en camaïeu rose sur fond blanc. xvi° siècle.

Haut., 45 millim.

142 — **Le Couronnement de la Vierge.** Bas-relief en or repoussé et émaillé se détachant en couleurs sur un fond d'émail bleu clair. Travail de la fin du xvi° siècle. Dans un cadre en argent repercé à jour et composé d'ornements émaillés blanc, vert et noir.

Haut., 61 millim.; larg., 72 millim.

143 — **Deux boucles d'oreilles** avec pendants en or découpé émaillé noir et blanc et enrichies de perles fines. xvi° siècle.

Haut., 46 millim.

(Collection Beurdeley.)

144 — **Deux pendants d'oreilles** formés de petits bustes de

négrillons, auxquels sont appendus des ornements à rinceaux, exécutés en or émaillé et enrichis de pierreries et de perles. xvııᵉ siècle.

Haut., 45 millim.

145 — **Croix ouvrante** en or émaillé, enrichie sur une de ses faces de diamants tables avec Crucifix réservé en or émaillé, et sur l'autre des divers attributs de la Passion, peints en couleurs sur émail. Elle est suspendue à un médaillon en forme de cœur en or émaillé, enrichi de roses. Époque Louis XIII.

Hauteur totale, 56 millim.

(Collection Roux.)

146 — **Croix ouvrante** en or émaillé, du temps de Louis XIII; une de ses faces est ornée de petites plaques en lapis-lazuli, l'autre est décorée de fleurs et feuillages émaillés en couleurs sur fond blanc. A l'intérieur, compartiments destinés à recevoir des reliques émaillées bleu clair, et, au revers du couvercle, rosace et fleurs décorées en émaux translucides polychromes sur fond d'or.

Haut., 50 millim.

BIJOUX ET OBJETS DE VITRINE

DU XVIIIᵉ SIÈCLE

147 — **Porte-tablettes** du temps de Louis XVI, en or guilloché émaillé violet et à cordons feuillagés, ciselés en relief et émaillés vert, avec points bleu clair, blancs, et rouges aux angles. Chacune de ses faces est enrichie d'un médaillon finement peint sur émail représentant : l'un, un jeune garçon donnant à manger à ses poussins; l'autre, un enfant faisant danser un chien au son de la musette. Les enca-

drements de ces médaillons ainsi que la devise : *Souvenir d'amitié*, sont exécutés en roses de Hollande. Le poussoir est formé d'un brillant. A l'intérieur, sont des tablettes d'ivoire et un crayon à tête d'or.

Long., 80 millim.; larg., 55 millim.

148 — **Porte-tablettes** en or émaillé en plein. Il offre sur chacun de ses côtés un médaillon ovale représentant des jeux d'amours peints en grisaille sur fond rose; le champ, décoré d'ornements gravés, est rehaussé d'émail rose et vert translucide et porte le mot : *Souvenir*, répété deux fois et réservé en or sur fond rose. Le pourtour est décoré de rubans blancs et de rosaces émaillées vert émeraude.

Les tablettes d'ivoire placées à l'intérieur offrent, dans leur épaisseur, un petit sujet chinois finement sculpté et découpé à jour. Travail français du temps de Louis XVI.

Long., 60 millim.; larg., 37 millim.

149 — **Carnet Louis XV** orné de deux panneaux en laque du Japon, à fond noir décoré de fleurs et d'oiseaux en or. La monture en or est enrichie d'encadrements composés d'ornements réservés sur fond d'émail vert et les angles offrent des fleurs émaillées en relief. Il est garni de plaques de nacre à l'intérieur et est accompagné d'un crayon d'or à manche d'ivoire servant de fermoir.

Long., 87 millim.; larg., 59 millim.

150 — **Carnet porte-tablettes** formé de deux plaques de laque (vernis Martin), à riche décor de vases et attributs en or sur fond noir et encadrements formés d'arabesques d'or sur fond rouge. Il est monté en or. Époque Louis XV.

Long., 110 millim.; larg., 66 millim.

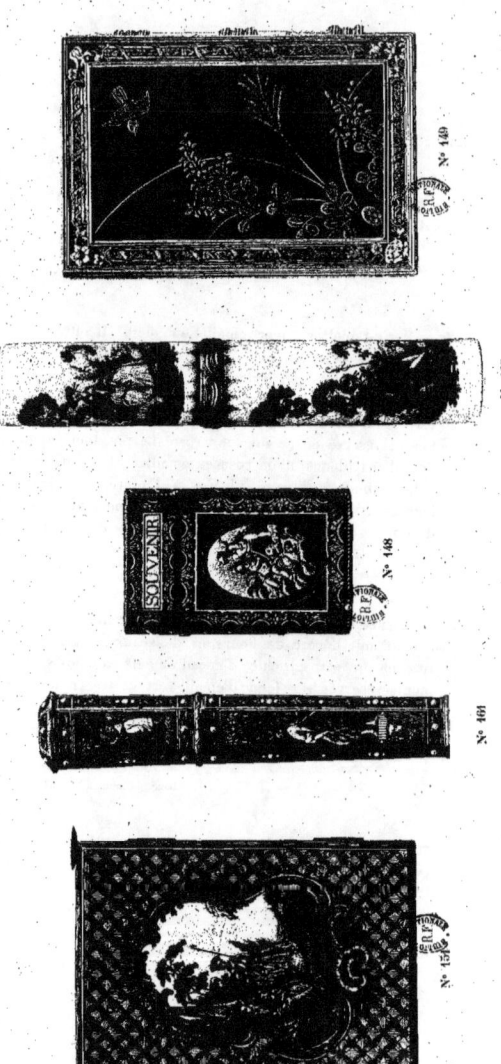

TRAVAUX EUROPÉENS

151 — **Carnet** composé de deux plaques rectangulaires et en hauteur, en ancienne porcelaine de Saxe, décorées chacune d'un médaillon à sujet champêtre, dans le goût de Watteau, encadré d'ornements rocaille polychromes et se détachant sur un fond quadrillé carmin.

Il est garni d'une monture en or et accompagné d'un style également en or. Époque Louis XV.

Haut., 90 millim.; larg., 63 millim.

152 — **Étui porte-tablettes** formé de mosaïques de Florence, décorées de branches de laurier, de colombes, de festons de perles, d'attributs divers exécutés à l'aide de matières précieuses sur fond de lapis et reliées entre elles à l'aide d'une monture en or finement gravé, à ornements.

Chacune de ses faces est enrichie d'un camée ovale sur malachite qui représente une tête conquée de profil.

Travail de la fin du règne de Louis XVI.

Long., 85 millim.; larg., 50 millim.

153 — **Nécessaire de poche** pour dame, ovale de plan, en or gravé à zones rubannées et médaillons émaillés en plein, représentant des vases et des bouquets de fleurs en couleurs, encadrés de couronnes de feuillages gravés se détachant sur un fond vert translucide.

Il renferme des tablettes d'ivoire ainsi que divers ustensiles garnis en or.

Époque Louis XV.

Long., 98 millim.

154 — **Étui-nécessaire**, en jaspe sanguin monté en or, à moulures et garni d'ornements en or gravé et repercé à jour. Son poussoir est formé d'un brillant et il renferme divers ustensiles en or dont un couteau avec manche de jaspe.

Travail français du temps de la Régence.

Haut., 10 cent.

155 — **Nécessaire de poche** du temps de Louis XV, en jaspe sanguin, enrichi d'une garniture en or ciselé, à motifs de rocailles, d'oiseaux et de guirlandes de fleurs. Un brillant forme le bouton du fermoir. Ce nécessaire renferme des ciseaux, un porte-mine et un couteau à montures d'or, ainsi qu'une tablette en ivoire.

Haut., 95 millim.; larg., 38 millim.

156 — **Couteau de poche** du temps de Louis XV, en or de couleurs ciselé, à ornements en relief et décoré sur chacune de ses faces d'un médaillon émaillé en plein et décoré d'un personnage en camaïeu carmin sur fond de paysage en camaïeu vert.

Il a deux lames, dont l'une est en acier et l'autre en or.

Long., 114 millim.

(Collection Turgot.)

157 — **Étui** de forme prismatique du temps de Louis XIV, en or champlevé et émaillé à figures et ornements en couleurs et enrichis de roses. Il offre sur une de ses faces un personnage frappant sur des timbales et sur l'autre un trompette dans le goût de Callot.

Long., 90 millim.

(Collection Martin Coster.)

158 — **Étui à cire** du temps de Louis XV, en or émaillé en plein. Il est décoré de quatre grandes scènes d'intérieurs à personnages dans le style de Teniers, et de trois petits médaillons à attributs. Le fond, gravé à ornements, est rehaussé de parties émaillées bleu foncé.

Long., 112 millim.

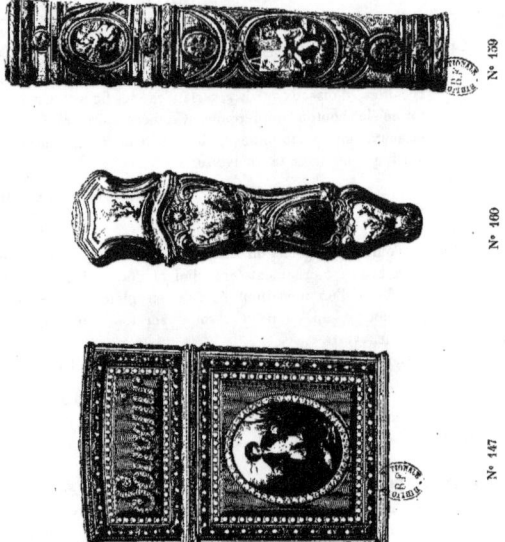

159 — **Étui à cire** de forme ovale, du temps de Louis XV, en or émaillé en plein à médaillons ovales : amours en grisaille représentant la Peinture, la Sculpture et les Sciences, et à compartiments imitant le lapis, le tout relié par des festons de laurier et des rosaces en or de couleurs ciselé. Les bords supérieurs, inférieurs et l'entredeux sont enrichis de larges filets d'émail bleu turquoise. Le cachet porte un écusson armorié, surmonté d'une couronne ducale, gravé en creux.

Long., 116 millim.

160 — **Étui** du temps de Louis XV, de forme contournée et aplatie, en or repoussé, à ornements rocaille et fleurs, et à compartiments garnis de plaques bombées d'agate orientale herborisée.

Long., 92 millim.

(Collection Turgot.)

161 — **Étui** de forme aplatie et à angles coupés, en or émaillé en plein à fond bleu sur lequel se détachent des figures champêtres en couleurs, ainsi que des ornements exécutés en émaux variés et en or. Il est enrichi de cordons de feuillages ciselés en relief et émaillés vert et il est incrusté de demi-perles. Époque Louis XVI.

Long., 118 millim.

162 — **Étui** cylindrique en ancienne porcelaine de Saxe, décoré en couleurs de deux sujets champêtres dans le goût de Watteau et de deux groupes d'amours tenant deux étendards, l'un blanc, l'autre vert. A l'extrémité supérieure, un amour voltigeant; à l'extrémité inférieure, un petit bouquet de myosotis. Époque Louis XV.

Long., 125 millim.

163 — **Étui** de forme ovale, en or émaillé en plein, à décor dit queue de paon et à cordons ciselés en relief et rehaussés d'émaux blancs, verts et opale.
Époque Louis XVI.

Long., 118 millim.

164 — **Étui** du temps de Louis XV, de forme ovale, en or ciselé à fleurs et ornements et portant un écusson armorié gravé.

Long., 115 millim.

165 — **Étui** en forme d'œuf, en ancienne porcelaine de Sèvres, pâte tendre, décoré de jetés de fleurs polychromes, et garni d'une monture à charnière en or gravé, composée d'ornements rocaille et de fleurs. Époque Louis XV.

Haut., 70 millim.; diam., 39 millim.

166 — **Monocle** du temps de Louis XVI, en or émaillé à fond bleu et à décor de fleurettes, rosaces et quadrillages en or et couleurs, avec bordures à fond d'émail blanc.

Long., 10 cent.

(*Collection de Rainneville.*)

167 — **Flacon de poche** du temps de Louis XV, en forme de vase, en or finement ciselé, à fleurs et ornements, enrichi de plaques d'agate herborisée et couvert de riches incrustations de diamants, de saphirs et de rubis.

Haut., 88 millim.

168 — **Flacon de poche** en forme de vase aplati, en jaspe vert gravé à feuilles, coquilles et ornements. Il est garni d'une monture en or, composée d'une base dont le plat porte les

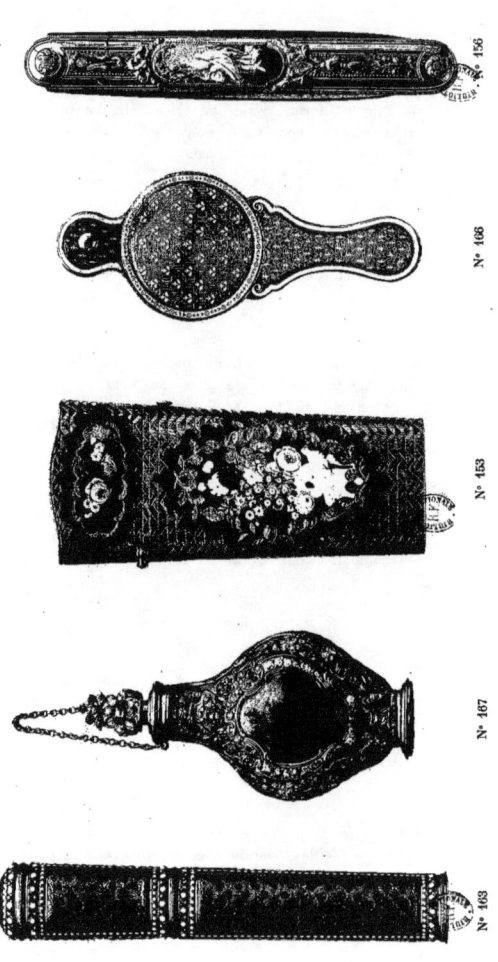

lettres P. B. gravées en creux, et d'un bouchon ciselé à feuilles. Époque Louis XV.

Haut., 90 millim.

169 — **Flacon de forme sphérique**, en cristal taillé à facettes et recouvert d'une enveloppe à montants en or repoussé à ornements et découpé à jour; le bouchon est formé de deux coquilles, et la gorge porte cette devise émaillée : *Gage de mon amitié*. Époque Louis XV.

Haut., 65 millim.

(Collection Jitta, d'Amsterdam.)

170 — **Petite broche** composée de deux colombes se becquetant et d'un ruban, le tout exécuté en roses. Le ruban porte la devise suivante, exécutée en or découpé : *l'Amour nous a uni* (sic). Époque Louis XVI.

Larg., 43 millim.

171 — **Petite parure** composée d'une croix surmontée d'un ruban et de deux pendants d'oreilles, le tout exécuté en roses. Époque Louis XVI.

Haut., 85 et 70 millim.

172 — **Deux boucles d'oreilles** formées de cornes d'abondance exécutées en roses. Époque Louis XVI.

Haut., 36 millim.

MONTRES ET CHATELAINES

173 — **Montre** dite de prélat, en forme de croix, en cristal de roche, taillée à cuvette et montée en cuivre gravé et doré. Le cadran, émaillé sur or, est rapporté sur une plaque en

cuivre doré, décorée de fleurs et d'oiseaux gravés. Mouvement de *Pierre Peheult, à Paris*. Fin du xvi⁰ siècle.

Haut., 62 millim.

174 — **Montre** de forme ronde, en cristal de roche taillé à cuvette et à lobes; le fond et le dessus formant rosaces. Mouvement signé *Jean Rousseau*, avec cadran en argent gravé à fleurs. xvi⁰ siècle.

Diam., 43 millim.

(Collection Roux.)

175 — **Montre** en forme de tulipe, en argent gravé à figures et ornements; le cadran porte divers personnages et ornements finement gravés. Travail de la fin du xvi⁰ siècle.

Haut., 45 millim.

176 — **Petite montre** en agate orientale, taillée à cuvette, montée à gorge à charnière en or émaillé et ornements en relief. Mouvement de *Charles Bobinet*. Époque Louis XIII.

Diam., 30 millim.

(Collection Roux.)

177 — **Petite montre** à cuvette en jaspe sanguin, garnie en or émaillé à rosaces et ornements en relief et de couleurs variées. Le cadran est émaillé sur or et le mouvement est signé *Estienne Ester*. Travail très fin du temps de Louis XIII.

Diam., 24 millim.

178 — **Montre Louis XIII** en or émaillé vert émeraude, décorée d'une rosace et d'ornements émaillés rouge, brun, blanc et noir. Le cadran, aussi en or, est émaillé de même, et l'in-

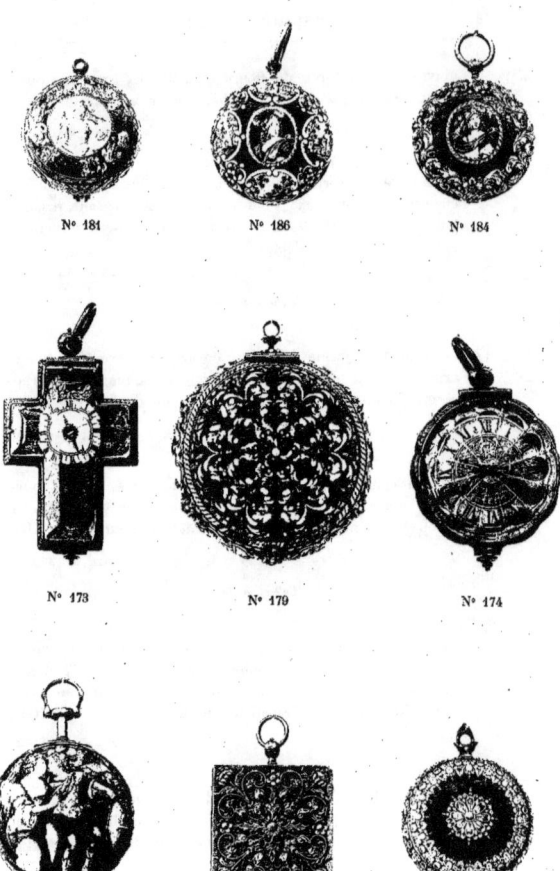

térieur présente une rosace sur fond d'émail bleu clair. Le mouvement porte l'inscription suivante : *Simon Hacketts, Londini.*

Diam., 35 millim.

179 — **Grande montre** en or émaillé du temps de Louis XIV. Elle offre sur chacun de ses côtés une large rosace composée de feuillages élégants émaillés en relief et de couleurs variées; ces rosaces sont découpées à jour et se détachent sur un fond rougeâtre. Le pourtour extérieur est décoré de six médaillons représentant des paysages en grisaille sur fond bleu. Chaque médaillon est encadré d'ornements et de fruitages en relief émaillés blanc et les entredeux sont occupés par de petites têtes de chérubins saillantes réservées en or ciselé et dont les ailes sont émaillées en rouge. L'intérieur du couvercle représente la figure équestre du roi Louis XIV jeune. Il porte l'armure et tient un bâton de commandement de la main droite.

Le cadran aussi en or émaillé est décoré d'un paysage. Le boîtier présente à l'intérieur les armes de France et de Navarre surmontées de la couronne royale et entourées du grand cordon de l'Ordre du Saint-Esprit. Le pourtour émaillé bleu clair est décoré d'arabesques en grisaille. Le mouvement est signé : *Gouffons, à Paris.*

Cette pièce remarquable, qui joint à l'intérêt historique la plus grande beauté d'exécution, serait digne de figurer dans une de nos galeries publiques. Il ne nous a pas encore été donné de rencontrer une pièce analogue.

Diamètre, sans compter la bélière, 54 millim.

180 — **Montre** du temps de Louis XIV, en or émaillé, par les frères Huaut, représentant le roi Louis XIV portant un costume de guerrier romain, assis près d'une dame de qualité. Au pourtour, quatre médaillons de paysages sont reliés par des ornements se détachant en jaune sur fond bleu. Un

cartouche, placé également au pourtour, porte l'inscription suivante : *Les deux frères Huaut, peintres de son A. E. de B.* (Brandenburg?) *à Belin* (Berlin?)

Cette montre a reçu sous Louis XV une enveloppe exécutée en cristal de roche avec monture en or ciselé enrichie de brillants.

Le mouvement est signé : *Per Dutens, London.*

Diamètre du boîtier, 45 millim.

(Collection de Lafaulotte.)

181 — **Petite montre** du temps de Louis XIV, en or émaillé dans le goût des œuvres des frères Huaut, mais de travail français. Le fond représente dans un médaillon rond Minerve vue à mi-corps et décorée en camaïeu bleu. Le médaillon est entouré d'une couronne de fleurs peintes en émaux de couleurs. Le pourtour offre des trophées d'armes gravés sur or et réservés sur un fond à damier émaillé bleu et rose clair. Les trophées sont séparés par quatre très petits médaillons ovales renfermant des bustes d'empereurs et d'impératrices romains peints en couleurs. Le mouvement est de *Denis Champion, à Paris;* le cadran émaillé sur or offre à son centre une figurine de génie assis tenant des couronnes finement peintes en camaïeu bleu. Comme la plupart des montres de cette époque, celle-ci n'a qu'une aiguille.

Diam., 40 millim.

182 — **Petite montre** du temps de Louis XIV, en or finement gravé à fleurs et oiseaux sur fond d'émail vert. Le cadran est gravé à fleurs et le mouvement porte le nom de : *Sarrabat, à Paris.*

Boîtier en peau de chagrin cloutée d'or.

Diam., 37 millim.

(Collection J. Martin.)

183 — **Montre carrée** à cuvette en acier bleui couverte d'ornements et de fleurs en or finement ciselé et repercé à jour.
Le cadran est émaillé bleu et blanc sur or; la glace est en cristal de roche et le mouvement porte le nom de : *Baltazar Martinot, à Paris*. Époque Louis XIV.

Diam., 35 millim.

184 — **Petite montre** du temps de Louis XIV, en or émaillé vert sur fond flinqué avec médaillon renfermant un buste de Minerve en couleurs et couronne d'ornements en relief émaillés blanc et rehaussés de rose. L'intérieur de la cuvette émaillée bleu turquoise présente à son centre un buste de guerrier en couleurs. Le mouvement porte le nom d'*Isaac Gradelle*. Le cadran est émaillé vert avec couronne de fleurs. L'étui est en peau de chagrin cloutée d'or.

Diam., 33 millim.

(*Collection Jitta, d'Amsterdam.*)

185 — **Montre** en or émaillé du temps de Louis XIV, décorée de sujets mythologiques en grisaille sur fond bleu turquoise, tant à l'extérieur qu'à l'intérieur, et au pourtour de médaillons de paysages et de mascarons.
Mouvement de *Duhamel, à Paris*. Spécimen rare. Étui en peau de chagrin.

Diam., 38 millim.

(*Collection Jitta, d'Amsterdam.*)

186 — **Petite montre** du temps de Louis XIV, en or émaillé à fond vert émeraude translucide et médaillon central représentant un buste de jeune femme casquée. Autour de ce médaillon sont quatre compartiments représentant des paysages en camaïeu carmin encadrés d'ornements blancs et reliés par des rosaces exécutées en émaux de couleurs en

relief. Le cadran, également émaillé sur or, présente à son centre une petite rosace blanche se détachant sur fond vert bordé d'une couronne de fleurs. La lunette est formée de petits rubis et de petites roses alternant, formant une couronne de pierreries autour du cadran. L'intérieur de la cuvette est émaillé bleu clair et offre à son centre un buste de guerrier casqué. Quoique de travail hollandais, le mouvement de cette montre porte le nom de *In° Fladgate, London*.

Diam., 34 millim.

187 — **Châtelaine Louis XV** en or de couleurs ciselé à feuillages et émaillé en plein. Elle est décorée de sujets champêtres : la plaque supérieure représente deux jeunes bergères confiant un message à une colombe; au-dessous sont des attributs pastoraux; la troisième plaque offre un groupe de deux colombes et enfin la quatrième, des moutons couchés près d'une musette. La pièce est enrichie dans toutes ses parties de fleurs et de feuillages exécutés en roses et elle est garnie d'un cachet et d'une corbeille de fleurs. Le premier, formé d'une intaille sur onyx à trois couches offrant une tête couronnée de profil, est monté en or et incrusté de roses; la corbeille, couverte de diamants, contient des fleurs exécutées en pierres de couleurs serties en or.

Long., 130 millim.

188 — **Montre Louis XV** à cuvette en or émaillé en plein, à sujet dans le style de Téniers : le Concert, groupe de trois figures. Mouvement de *Baillon, à Paris*.

Diam., 45 millim.

189 — **Montre** du temps de Louis XV, composée de neuf plaques d'ancienne porcelaine de Saxe, décorées de sujets de per-

sonnages dans le goût de Watteau, et reliées entre elles par une monture d'or ciselé à fleurs et ornements rocaille. Mouvement de *Baillon, à Paris*.

Diam., 52 millim.

190 — **Petite montre Louis XV** en or émaillé en plein, à sujet Watteau composé de trois personnages. Cette pièce est enrichie de diamants.

Diam., 33 millim.

(*Collection Martin Coster.*)

191 — **Autre petite montre** du temps de Louis XV, en or à cuvette émaillée en plein et représentant un groupe de trois enfants dans le goût de Boucher. Mouvement de *I. Baillon, à Paris*.

Diam., 30 millim.

192 — **Montre** en acier enrichie d'incrustations d'or de couleurs; la cuvette représente un groupe de trois figures costumées à l'orientale dans un paysage. Encadrements formés d'ornements rocaille. Étui en galuchat. Époque Louis XV.

Diam., 45 millim.

193 — **Montre** du temps de Louis XV, en or de couleurs ciselé à ornements rocaille et attributs de jardinage. Mouvement à répétition de *Louis Goret, à Paris*, et poussoir orné d'un brillant.

Diam., 40 millim.

194 — **Bague-montre** du temps de Louis XV, en or gravé; le cadran est entouré d'un rang de roses et le corps de la

bague présente deux fleurettes également exécutées en roses. Le cadran porte le nom de *N° Lenoir, London.*

Diamètre du chaton, 18 millim.

195 — **Petite montre** contenue dans un médaillon en forme d'écu en or, enrichi de demi-perles; cadran émaillé bleu et échappement visible à spirale, orné de roses. Époque Louis XVI.

Haut., 30 millim.

(*Collection Roux.*)

196 — **Montre Louis XVI** à répétition, en or émaillé gris perle, sur fond guilloché, avec rosace et cordons de feuillages ciselés en relief et émaillés en couleurs. Le cadran porte le nom de *Louis Riolle, à Dieppe.*

Diam., 40 millim.

197 — **Montre Louis XVI** en or guilloché émaillé vert, avec rosaces sur fond guilloché à rayons et cordons en couleurs. Mouvement de *Mussard, à Paris.*

Diam., 40 millim.

198 — **Montre** en or guilloché émaillé violet, avec cordons en couleurs et médaillon en grisaille représentant divers attributs et entouré de roses. Époque Louis XVI. Mouvement de *Vauchez, à Paris.*

Diam., 37 millim.

199 — **Petite montre** du temps de Louis XVI, en or ciselé et gravé. La cuvette est ornée d'une peinture sur émail représentant un sujet champêtre peint en grisaille sur fond rouge orangé. L'entourage du cadran et les aiguilles sont formés de jargons. Mouvement signé : *Duvivier l'aîné, à Rouen.*

Diam., 50 millim.

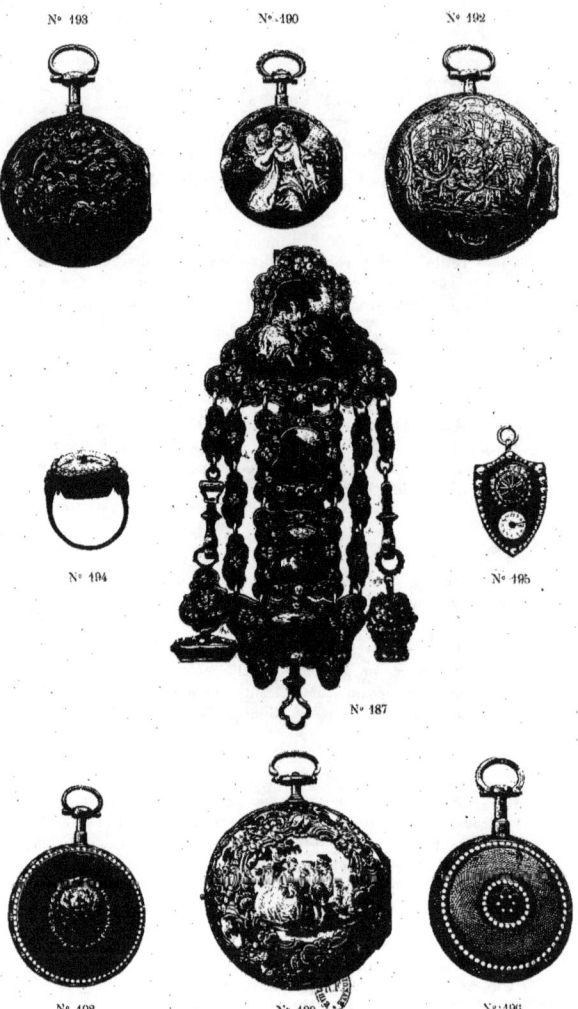

TRAVAUX EUROPÉENS

200 — **Montre à répétition** en or guilloché à rayons et émaillé gros bleu. Elle offre au fond un médaillon de fleurs émaillées en couleurs entouré d'un cercle à pois rouges sur fond d'émail blanc. L'encadrement du cadran et du fond se compose d'ornements émaillés en couleurs et de demi-perles d'émail blanc. Le poussoir et la bélière sont formés de brillants et les aiguilles sont enrichies de roses.
Mouvement de *Henri Voisin*. Époque Louis XVI.

Diam., 42 millim.

201 — **Montre Louis XVI** en or ciselé et émaillé à feuillages, enrichie de pierreries très finement serties formant encadrements et médaillon.
Mouvement de *Léger, à Paris*.

Diam., 48 millim.

202 — **Montre** de forme ovale en hauteur, du temps de Louis XVI, en or, avec cuvette émaillée bleu et ornements polychromes. Au centre de la cuvette, médaillon exécuté en roses, avec entourage de rinceaux d'or et demi-perles se détachant sur le fond d'émail, et bord extérieur composé de deux rangs de demi-perles. Cercle analogue autour du cadran qui marque les heures et les secondes et qui porte le nom de *Wm Anthony, London*.
Le mouvement est couvert d'ornements gravés.

Haut., 95 millim.; larg., 55 millim.

203 — **Pomme de canne** du temps de Louis XVI, en or guilloché et ciselé, avec montre à l'intérieur.

Haut., 45 millim.; diam., 27 millim.

204 — **Montre** du temps de Louis XVI, en forme de mandoline, en or émaillé de diverses nuances et enrichie de demi-perles.

Long., 60 millim.

(Collection Reiset.)

205 — **Clef de montre** du temps de Louis XVI, en or émaillé, de forme oblongue en hauteur, à angles coupés. Elle présente, sur une de ses faces, une figure de bergère debout se détachant en couleurs sur fond bleu, et, sur l'autre, deux colombes et divers attributs de jardinage, aussi sur fond bleu.

Hauteur totale, 55 millim.

ORFÈVRERIE

DES XVIᵉ ET XVIIᵉ SIÈCLES

206 — **Grand vase** en argent repoussé, ciselé et doré. Il est entièrement couvert de riches rinceaux, de mascarons, de médaillons renfermant des animaux et des figures allégoriques. Le piédouche à nœud est garni de consoles et enrichi d'une galerie découpée à jour.
Travail allemand du xvıᵉ siècle.

Haut., 40 cent.

207 — **Vidrecome** en argent repoussé et doré, offrant des médaillons représentant l'Adoration des mages, l'Adoration des bergers et l'Annonciation ; l'anse est ornée d'une tête de génie en ronde bosse.
Très beau travail du xvıᵉ siècle, que l'on peut attribuer à l'un des meilleurs orfèvres de Nurenberg.

Haut., 18 cent.

(Collection Fould.)

208 — **Grand vidrecome** cylindro-conique en argent repoussé et doré, couvert de mascarons, de rinceaux, de groupes de

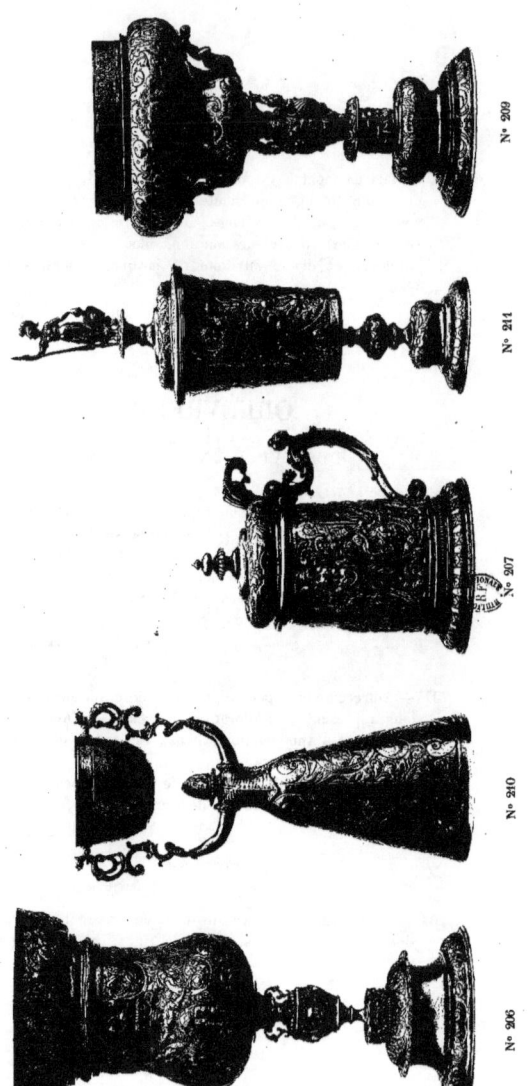

fruits et de coquilles. La base est repoussée à oves, l'anse est ornée d'une cariatide de femme.
Allemagne. Fin du xvi⁰ siècle.

Haut., 29 cent.

209 — **Vase** en argent repoussé et doré, de travail allemand du xvi⁰ siècle. La panse piriforme renversée offre en relief trois têtes d'enfants vues de face, ainsi que des enroulements et des fruitages. La gorge de la panse est garnie de trois cariatides d'enfants ailés en ronde bosse reposant sur des dauphins et placés dans les entredeux des têtes dont il est parlé plus haut. Le piédouche, à moulures ornées de cartouchages et de groupes de fruits, est surmonté d'une bague fleurdelisée qui sert de base à un nœud en forme de vase ovoïde, flanqué de trois cariatides de femmes et de trois coquilles; sur ces dernières, reposent trois figurines d'enfants debout en ronde bosse.

La gorge droite du vase offre des ornements et des groupes de fruits gravés. Le couvercle, de travail moderne, est surmonté d'une figurine d'amour assis.

Haut., 34 cent.

210 — **Gobelet** double en vermeil, formé d'une figurine de femme debout, à jupe large, collerette plissée et coiffure haute. La jupe est décorée de rinceaux et de branches de feuillages repoussés en relief. De ses deux bras surélevés la dame tient deux rinceaux qui se terminent par des têtes de dragons et qui servent de pivots à une petite coupe sphérique et mobile dont le corps présente un bandeau pointillé en relief.
Allemagne. xvi⁰ siècle.

Haut., 25 cent.

211 — **Vase** couvert à panse cylindrique légèrement évasée à

sa partie supérieure, en argent repoussé et doré à cariatides de génies ailés, groupes de fruits, oiseaux et rinceaux, sur piédouche à nœud, et couvercle surmonté d'une figurine de guerrier debout.
Allemagne. xvi° siècle.

Haut., 29 cent.

212 — **Vase** formé d'une noix de coco, sculptée en bas-relief, représentant Adam et Ève, le Mauvais Riche, etc.
Monture sur pied à nœud et montants en argent ciselé, à figures et ornements. Le couvercle est surmonté d'une figurine de guerrier debout.
Allemagne. xvi° siècle.

Haut., 30 cent.

213 — **Deux gobelets** de forme surbaissée en argent ciselé et doré. La panse cylindrique est décorée de sujets finement gravés, représentant des scènes bibliques séparées par des figures de génies ailés tenant des banderoles qui portent des inscriptions en vieil allemand relatives aux sujets. Les culots, repoussés à godrons, reposent sur un anneau offrant en relief des figurines couchées dans des paysages et des génies. Le pied offre des têtes de satyres en relief reliées par des ornements. Travail allemand du xvi° siècle.

Haut., 10 cent.

214 — **Deux grandes cuillères** en argent finement ciselé et doré en partie. Les cuillerons sont décorés d'ornements finement gravés. Les manches sont ornés de figurines d'apôtres et de têtes de chérubins. Chacune d'elles présente un écusson armorié émaillé sur argent et portant la date de 1594 et les initiales I. R. Z. K. Le manche de l'une porte l'inscription suivante gravée : S · Takvb · Men · Swataw · Czyrkew · Obecz ·

Nav·Wssech·Swatich·, et l'autre, celle-ci : S·Mathavss·Wiem·Rzym·Wdvch·Swateho. Beau travail allemand du xvi° siècle.

215 — **Cuillère** en buis dont le manche en argent se termine par un torse d'homme barbu s'échappant d'une gaine composée d'enroulements d'une feuille et d'un mascaron. xvi° siècle.

(Collections Louis et Édouard Fould.)

216 — **Le Christ à la colonne.** Petit groupe en argent, doré en partie, reposant sur une base en porphyre rouge oriental. Le Christ debout, le corps ceint d'une draperie dorée, est lié à une colonnette dont la base et le chapiteau sont en cuivre doré.
Italie. xvii° siècle.

Haut., 19 cent.

217 — **Joli vidrecome** en étain, attribué à François Briot; la panse est décorée de trois médaillons ovales renfermant des figures allégoriques en relief et entourés d'ornements variés. Le couvercle offre des mascarons et des figurines de génies; l'anse est ornée d'une cariatide de femme. xvi° siècle.

Haut., 18 cent.

(Collection Roux.)

ORFÈVRERIE DU XVIII° SIÈCLE

218 — **Chocolatière** haute en or, de forme simple, dont le couvercle, le col et la bouterolle du manche sont ornés de

joncs coudés et en onde, avec culots et fleurons sur amati. Manche droit en jaspe sanguin.

Hauteur sans pied, 16 cent.

(*Collection du baron J. Pichon, 1878.*)
(*Collection de San Donato, 1880.*)
(*Collection Eudel.*)

219 — **Lampe à esprit-de-vin** à quatre trous, en or, avec manche en jaspe sanguin et trépied, le tout orné de la même façon que la chocolatière.

(Manche, poinçon de décharge et bas de l'A d'Étienne Baligny (1703 à 1713) sur la chocolatière, les autres poinçons sont effacés.)

Les pièces d'orfèvrerie ancienne en or sont fort rares. Celle-ci a été rapportée de Russie en France par un prince Kourakin.

Hauteur sur pied, 65 millim.
Diamètre de la lampe, 75 millim.

(*Collection du baron J. Pichon, 1878.*)
(*Collection de San Donato, 1880.*)
(*Collection Eudel.*)

220 — **Petite cuillère** à filets également en or, faite en 1786.

Long., 118 millim.

(*Collection du baron J. Pichon, 1878.*)
(*Collection de San Donato, 1880.*)
(*Collection Eudel.*)

221 — **Petit vase** à panse ovoïde sur piédouche et à couvercle bombé surmonté d'une graine, en or repoussé et ciselé. Il est entièrement couvert d'ornements rocaille, de fleurs et de feuillages. xviiie siècle.

Haut., 12 cent.

(*Collection Jitta, d'Amsterdam.*)

222-223 — **Deux sucriers à saupoudrer** en forme de vases en argent doré, du temps de la Régence, le pied rond garni

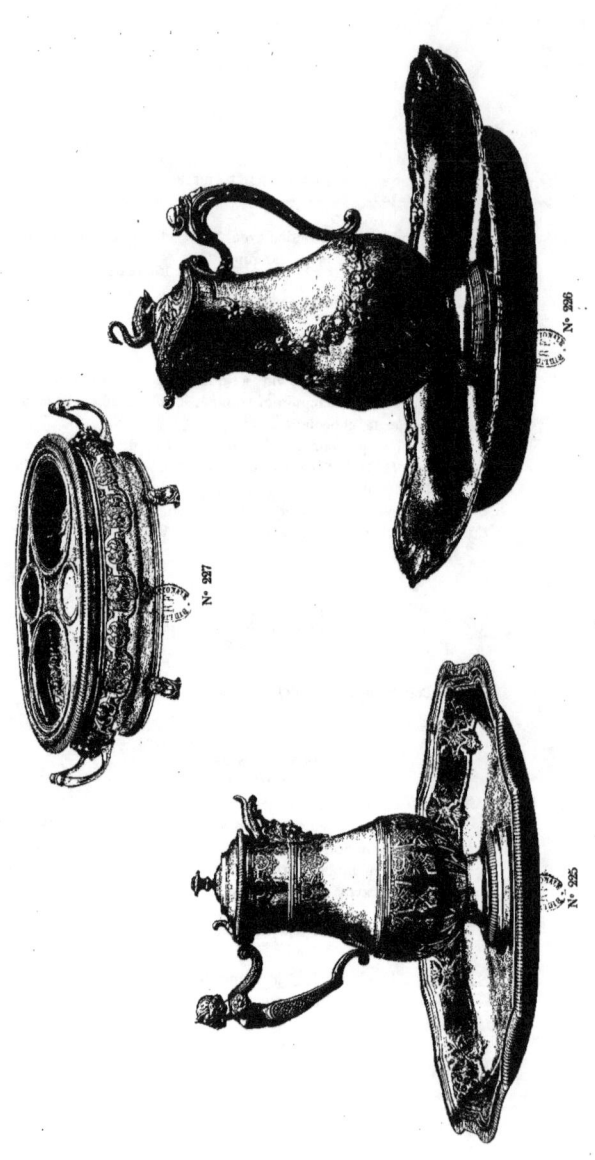

de feuilles d'eau, le corps octogone; au bas, trois culots sortant de hautes tiges séparées par deux grands canaux : le tout sur amati. Au haut, quatre pans sont unis et quatre autres portent un quadrillé avec trèfle dans chaque case et une coquille en bas.

Ces pièces ont été faites en 1728, par Nicolas Besnier, célèbre et excellent orfèvre de Louis XV, aux galeries du Louvre. Il fut remplacé par Roettiers, son gendre.

Haut., 25 cent.

(Collection du baron Pichon.)

224 — **Petite boîte** de forme oblongue et à pans, décorée de rosaces et de grecques gravées. Les extrémités sont ornées de mufles de lions en relief et le couvercle offre la couronne royale reposant sur des branches de chêne et de laurier.

Les armes du Portugal sont gravées sur le fond de la pièce.

Cette pièce appartenait à un ensemble exécuté pour le roi de Portugal, par F. T. Germain, de 1757 à 1762 ; elle provient de la collection Juliette Baux.

Haut., 9 cent.; larg., 15 cent.

225 — **Aiguière** portant à la partie inférieure de la panse de très fins ornements, genre Bérain, gravés sur amati. Couvercle bordé de godrons; tête sous le biberon avec plumes, collerette et glands. Anse très élégante commençant par une tête de femme et agrémentée d'ornements champlevés. Pied godronné. Cuvette avec de très jolis contours, bords à godrons et intérieur gravé dans le même style que l'aiguière. Faite sous le fermier Cordier en 1725, par l'orfèvre Robert Mognart, dont le différent était une étoile.

Poinçon de décharge : un soleil.

Hauteur de l'aiguière, 235 millim.
Largeur de la cuvette, 345 millim.

(Collection Eudel.)

226 — **Aiguière et bassin** oblong en argent ciselé, de l'époque Louis XVI, à ornements en relief. L'aiguière est décorée, sous le déversoir, d'un mascaron, tête de fleuve, auquel est appendu un médaillon armorié, entouré d'une couronne de fleurs. Ce mascaron donne naissance à deux jolies guirlandes qui descendent sur la panse du vase et se réunissent sous l'anse, qui est contournée et ornée de feuilles. Le culot est creusé de cannelures en spirales, et le piédouche est entablé d'un tore de baguettes en faisceau, liées par un ruban. Le couvercle est surmonté d'un cygne en ronde bosse, placé entre deux tiges de roseaux. Le bassin à contour festonné est bordé de rinceaux, de feuilles, de fleurs et un cartel à l'une de ses extrémités reproduit l'armoirie de l'aiguière. Travail français.

Hauteur de l'aiguière, 30 cent.
Largeur du bassin, 40 cent.

(Collection Sennegon.)

227 — **Huilier** de forme ovale, à châssis, à pourtour profilé et à deux anses ou poignées surélevées, en argent. Il offre dans la partie supérieure du pourtour une frise ornée, composée de rinceaux, de corbeilles de fleurs et de mascarons en relief sur fond sablé. Les quatre pieds sont formés chacun d'un mascaron de femme se terminant en volute. Le bord supérieur est godronné et le dessus, à ouvertures disposées pour recevoir les flacons et les bouchons, présente à son centre un motif d'ornements gravés. Travail français du temps de la Régence.

Haut., 80 millim.; long., 270 millim.; larg., 155 millim.

228 — **Huilier** ovale à châssis. Mascarons aux extrémités et sur les côtés; les quatre pieds formés de cariatides de femmes en ronde bosse et en enroulement. Ornements champlevés sur la panse.

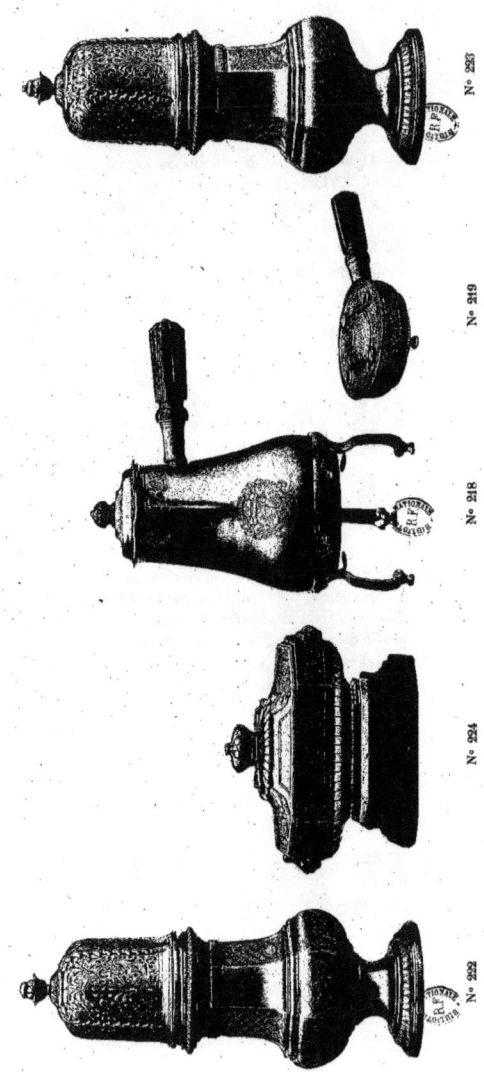

TRAVAUX EUROPÉENS

Fait sous Étienne Baligny, en 1708, par Grégoire Masse. Différent : une étoile. Poinçon de décharge : une mouche.

Haut., 78 millim.; long., 22 cent.; larg., 15 cent.

(Collections du baron Pichon et Eudel.)

229 — **Gobelet** en argent légèrement évasé à sa partie supérieure, décoré d'ornements finement gravés. Pied à oves et culot décoré de mascarons, de palmes et ornements en relief sur amati.
Travail français du temps de la Régence.

Haut., 119 millim.

230 — **Deux belles cuillères** du temps de Louis XV, en argent, à manches ciselés à coquilles et feuillages. Le cuilleron de l'une d'elles est découpé pour le sucre en poudre ; l'autre, destiné aux compotes, a son cuilleron en forme de coquille.

Long., 19 cent.

(Collection Vaisse.)

MATIÈRES PRÉCIEUSES

231 — **Cristal de roche.** Buire à panse ovoïde offrant haut et bas des godrons saillants reliés dans le haut par des festons de perles et d'olives gravés en creux. Le pourtour de la panse présente, également gravés en creux, des arbustes et des roseaux. Le piédouche et le col trilobé sont reliés à la panse par une monture en or. Le goulot présente un mascaron d'or ciselé surmonté d'un diadème exécuté en émeraudes, rubis et diamants. L'anse est formée d'un dragon à tête chimérique en or, dont les pattes antérieures ter-

minées par des enroulements reposent sur le bord supérieur du col. Le corps de l'animal est enrichi d'émeraudes taillées en table et d'émeraudes cabochons formant saillie.
Italie, deuxième moitié du xvie siècle.

Haut., 19 cent.

232 — **Cristal de roche.** Coupe de forme ovale à contours, évidée d'épaisseur et décorée de rinceaux et d'arabesques finement gravés en creux. Elle est garnie dans sa largeur de deux petites anses à enroulements et repose sur un pied bas à balustre relié à la pièce par une virole d'argent doré.
Ouvrage milanais du xvie siècle.

Haut., 10 cent.; long., 16 cent.; largeur avec les anses, 16 cent.

233 — **Cristal de roche.** Coupe en forme de coquille décorée de rinceaux gravés en creux et montée sur un pied à balustre relié à la pièce à l'aide d'une bague en argent doré. La coupe est garnie sur les côtés de deux anses à enroulements. xvie siècle.

Haut., 70 millim.; long., 112 millim.; largeur avec les anses, 120 millim.

234 — **Cristal de roche.** Petit vase de forme ovoïde évidé d'épaisseur, très finement gravé à rinceaux et cariatides grotesques ailées. La gorge est découpée à sa partie supérieure et forme deux goulottes; le piédouche est surbaissé. Travail italien du xvie siècle. Cette pièce a reçu récemment une monture en or émaillé, dans le style de la Renaissance, qui se compose de deux anses, à rinceaux réservés en or sur fond d'émail noir.

Ces anses s'échappent de deux petites têtes de satyres en or émaillé au naturel, appliquées à la panse du vase. Le col et le pied sont reliés à la panse, à l'aide de moulures en or émaillé noir et blanc.

Haut., 11 cent.

(*Collection Cottreau.*)

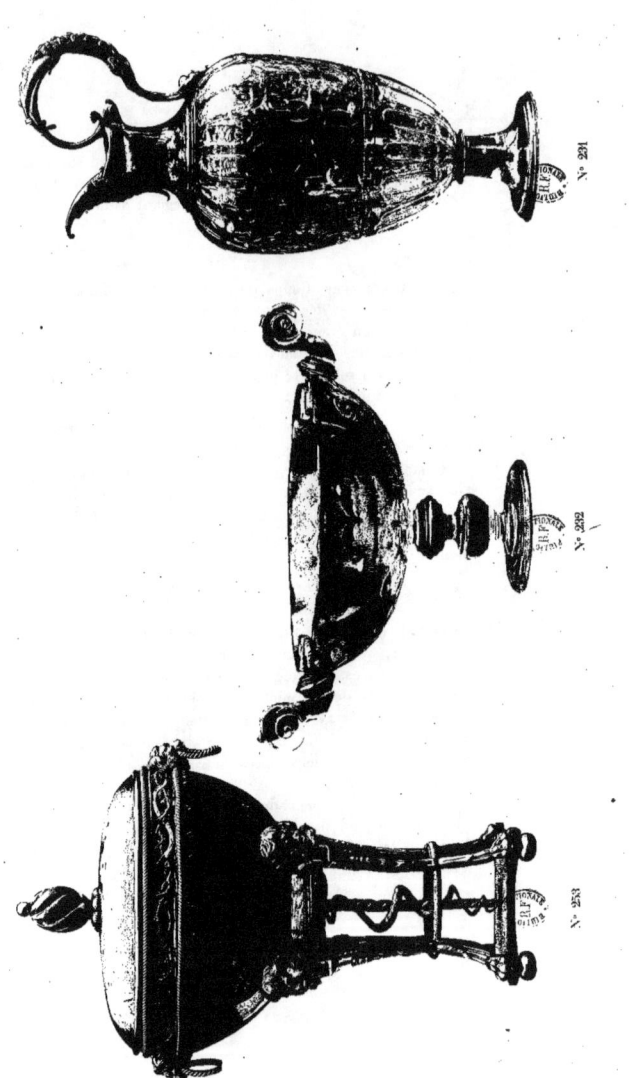

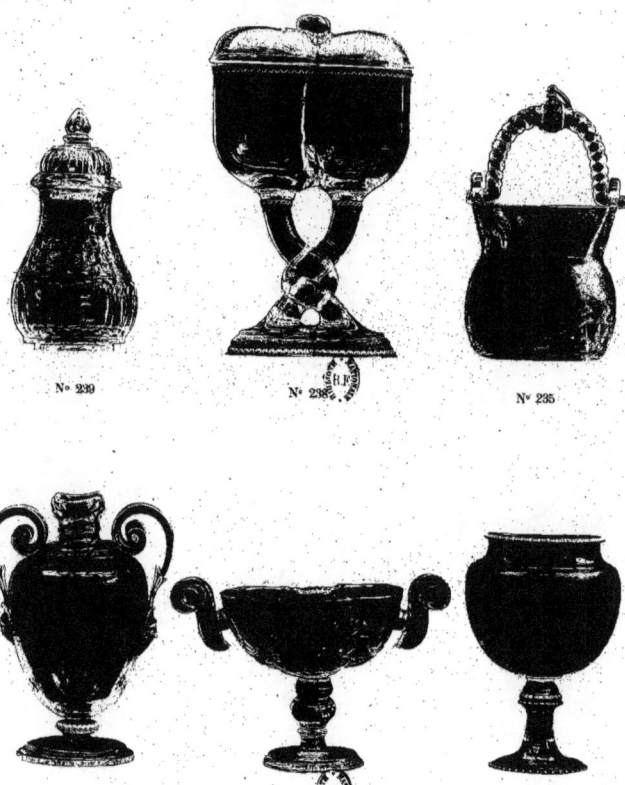

235 — **Cristal de roche**. Petite corbeille à panse sphérique et à gorge, de forme hexagonale, ornée d'un paysage et de personnages finement gravés en creux. Anse mobile en arceau à torsade, ornée à sa partie supérieure d'un ornement en or repercé à jour et émaillé.
Travail très fin du xvi° siècle.

Haut., 75 millim.; diam., 09 millim.

236 — **Cristal de roche**. Petit vase du xvi° siècle, à panse sphérique, très finement gravé en creux, à triple zone de paysages et d'oiseaux et garni d'une monture moderne en or émaillé.

Haut., 97 millim.; diam., 68 millim.

237 — **Cristal de roche**. Petite coupe ronde bien évidée, présentant à l'extérieur des canaux creux renfermant des godrons et offrant au bord des arabesques très finement gravées en creux. Elle est montée sur un pied à balustre et garnie d'une monture en or émaillé dans le style de la Renaissance.

Haut., 105 millim; diam., 103 millim.

238 — **Cristal de roche**. Petit vase double à couvercle surmonté d'un fruit et monté sur pied à double tige enlacée. Monture en or émaillé dans le style du xvi° siècle.

Haut., 140 millim.; larg., 90 millim.

(Collections Louis Fould et Franc.)

239 — **Cristal de roche**. Petit flacon en forme de balustre à couvercle, taillé à godrons et décoré d'ornements gravés en creux.

Haut., 112 millim.; diam., 50 millim.

240 — **Cristal de roche.** Bougeoir à main du temps de Louis XV, composé d'un plateau contourné, à coquilles en relief et à porte-bougie taillé à côtes. Le manche, en argent ciselé et doré, se compose d'ornements rocaille. Une mouche, également en argent doré, a été rapportée sur le bord du plateau.

Haut., 57 millim.; long., 120 millim.; larg., 78 millim.

241 — **Cristal de roche.** Coupe ovale posée sur un pied à balustre, taillé à pans, et montée en guise de tortue dont la tête et la queue sont en or. Les yeux de la bête sont formés de petits rubis.

Haut., 95 millim.; long., 150 millim.; larg., 70 millim.

242 — **Lapis-lazuli de Perse.** Coupe ronde à godrons en relief, sur pied élevé à nœud, avec monture en or émaillé blanc à feuilles et fleurettes, enrichie de rubis. Le couvercle plat est surmonté d'une figurine allégorique en or émaillé, qui tient une banderole portant l'inscription : *La guerra esce pace.*

L'intérieur de la coupe et le dessous du couvercle sont doublés en argent doré.

Cette pièce, qui est la réduction d'une coupe qui date du xvie siècle, a été exécutée par *Duron*.

Haut., 200 millim.; diam., 140 millim.

243 — **Jaspe sanguin.** Coupe de travail milanais et du xvie siècle, de forme oblongue et profonde, avec lobes formant goulots placés à ses deux extrémités supérieures. Chacun de ces lobes, gravé en guise de camée, représente un mascaron humain qui se termine dans son pourtour par des ornements.

Le pied bas est relié à la pièce à l'aide d'une monture

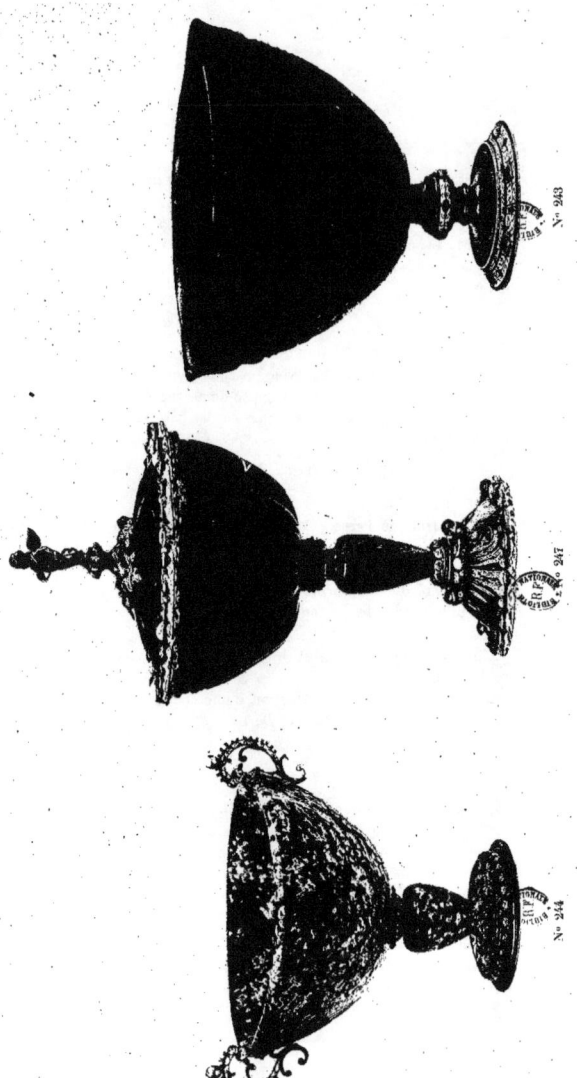

en or gravé et émaillé à fond blanc, enrichie de rubis rapportés, sertis en or et formant des chatons oblongs.

Haut., 90 millim.; larg., 100 millim.

(Collection du duc de Hamilton.)

244 — **Jaspe héliotrope**. Coupe ovale sur pied à balustre, garnie d'une monture à anses en or émaillé.

Les anses sont surmontées chacune d'une perle fine. xvie siècle. Étui du temps, en maroquin rouge, doré au fer.

Haut., 87 millim.; larg., 92 millim.

(Collection Stein.)

245 — **Jaspe rouge de Sicile**. Petite coupe ronde et profonde sur pied à balustre. La coupe profilée à l'extérieur est reliée au pied à l'aide d'une monture en or émaillé noir. Cette pièce, qui nous semble de travail antique, a reçu postérieurement à l'intérieur une croix gravée placée au centre d'un cercle formé d'un filet d'or incrusté.

Haut., 80 millim.; diam., 76 millim.

(Collection Stein.)

246 — **Jaspe rougeâtre**. Coupe hémisphérique montée sur un piédouche à lambrequins et à base carrée en argent ciselé, gravé, doré et émaillé.

Haut., 85 millim.; diam., 89 millim.

247 — **Agate orientale blonde sardonisée**. Coupe à quatre lobes, sur pied à balustre, avec monture en argent émaillé à fleurs sur fond blanc enrichies de pierres diverses. Le couvercle, de même matière et taillé à degrés, est surmonté d'une figurine de génie ailé, en argent doré.

Époque Louis XIII.

Hauteur totale, 140 millim.; diam., 75 millim.

248 — **Agate orientale blonde et mamelonnée.** Coupe hémisphérique reposant sur un pied à lambrequins, en argent doré et émaillé.
Le bord supérieur de la pièce est garni de deux petits papillons en argent doré et qui forment anses.

Haut., 85 millim.; diam., 85 millim.

249 — **Agate jaspée.** Petit vase de forme ovoïde parfaitement évidé d'épaisseur et à gorge, et piédouche pris dans la masse. Précieux travail du XVI° siècle.

Haut., 11 cent.

(Collection Cottreau.)

250 — **Agate orientale blonde.** Coupe ovale sur piédouche à balustre, montée à feuillages émaillés blanc et filets bleus dans le style du XVI° siècle.

Haut., 13 cent.; larg., 125 millim.

(Collection Daru.)

251 — **Agate orientale blonde.** Coupe des mêmes forme et monture que celle qui précède et pouvant lui servir de pendant.

Haut., 13 cent.; larg., 125 millim.

(Collection Daru.)

252 — **Agate rubannée.** Paire de brûle-parfums de forme sphérique, avec monture sur quatre pieds fourchus surmontés de têtes de béliers, frise ajourée et couvercle en bronze doré du temps de Louis XVI et bases carrées, en porphyre rouge oriental.

Haut., 33 cent.

(Collection San Donato.)

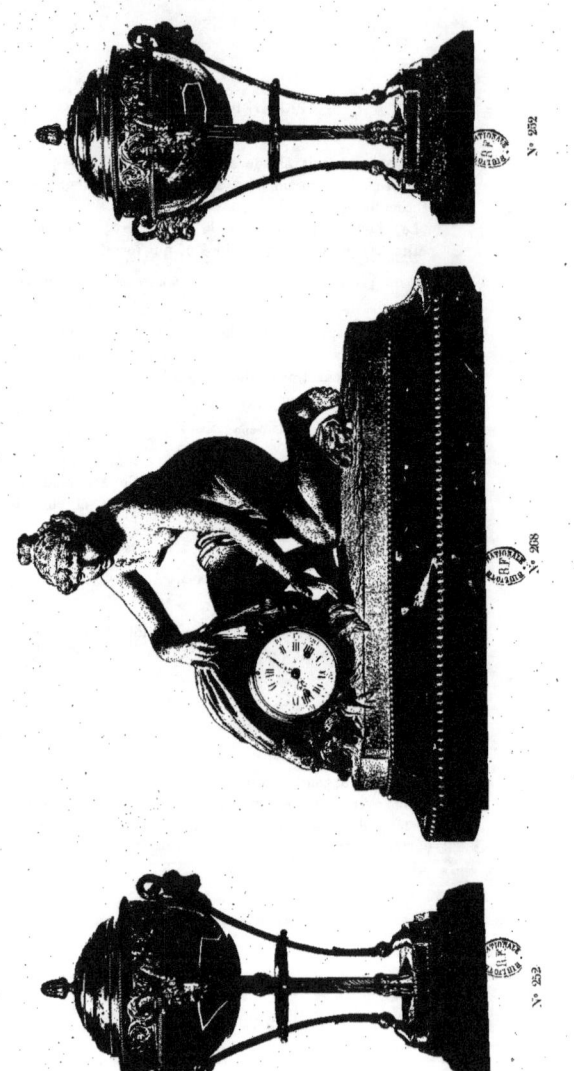

253 — **Agate orientale blonde et mamelonnée.** Jolie coupe de forme ovale, à couvercle, montée sur quatre pieds, se terminant par des têtes d'enfants et avec galerie à jour, en bronze ciselé et doré au mat. Époque Louis XVI.

Haut., 19 cent.; larg., 12 cent.

(*Collection Berthou.*)

254 — **Malachite.** Petite coupe ovale sur piédouche bas, à pourtour profilé et de belle nuance.

Haut., 55 millim.; long., 90 millim.; larg., 56 millim.

SCULPTURES

255 — **Ivoire.** Groupe : la Vierge assise, vêtue de long, la partie postérieure de la tête couverte d'un voile, tient un missel de la main droite et l'Enfant Jésus nu de la main gauche. Le siège présente sur chacune de ses faces latérales une figure d'ange accroupi en bas-relief. Travail français (?). xvie siècle.

Hauteur, sans le socle en bois noir, 19 cent.

(*Collection Nolivos.*)

256 — **Ivoire.** Petit coffret de forme oblongue, à couvercle légèrement bombé, décoré sur toutes ses faces de rinceaux, d'ornements et de serpents enroulés, très finement sculptés en bas-relief. La boîte est prise dans un bloc d'ivoire évidé, et le couvercle présente un travail analogue. Époque Louis XIII.

Long., 11 cent.

257 — **Ivoire.** Petit buste de Socrate, sur piédouche en marbre vert de mer.

Hauteur sans le socle, 11 cent.

258 — **Ivoire.** Deux statuettes : Mendiant et Mendiante debout; cette dernière allaite un enfant et en porte un autre sur son dos. xviii° siècle.
Sur socles à gorges en bois sculpté.

Hauteur sans socle, 14 cent.

259 — **Ivoire.** Petit groupe de deux enfants jouant avec une chèvre. xvii° siècle.
Sur socle en porphyre rouge oriental.

Hauteur sans socle, 6 cent.

260 — **Ivoire.** Statuette : Sainte Véronique debout, portant le Saint-Suaire. xviii° siècle.

Hauteur sans socle, 85 millim.

261 — **Ivoire.** Saint Georges debout, tenant une oriflamme. Socle en marbre vert de mer. xviii° siècle.

Hauteur sans socle, 14 cent.

262 — **Ivoire.** Bas-relief rectangulaire en hauteur, représentant le Christ mort au pied de la croix entouré des saintes femmes et de saint Jean. xvii° siècle.
Cadre à moulures en cuivre poli.

Hauteur sans cadre, 16 cent.; larg., 12 cent.

263 — **Buis.** Médaille sculptée en bas-relief sur ses deux faces. L'une d'elles représente le sujet du Calvaire. Au premier plan, la Vierge accroupie est soutenue par saint Jean. A

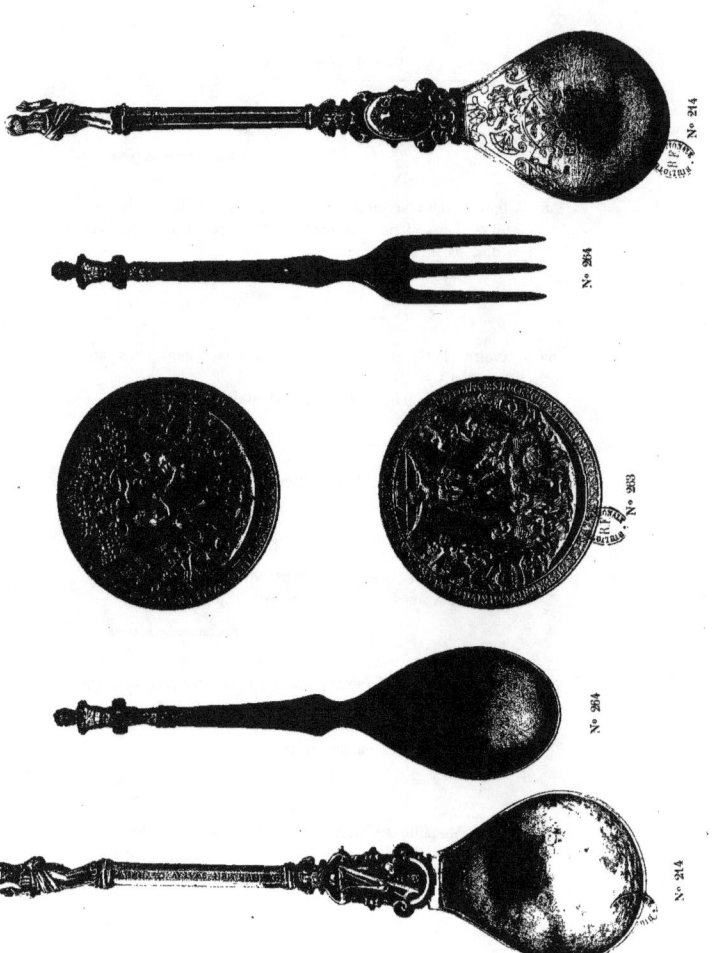

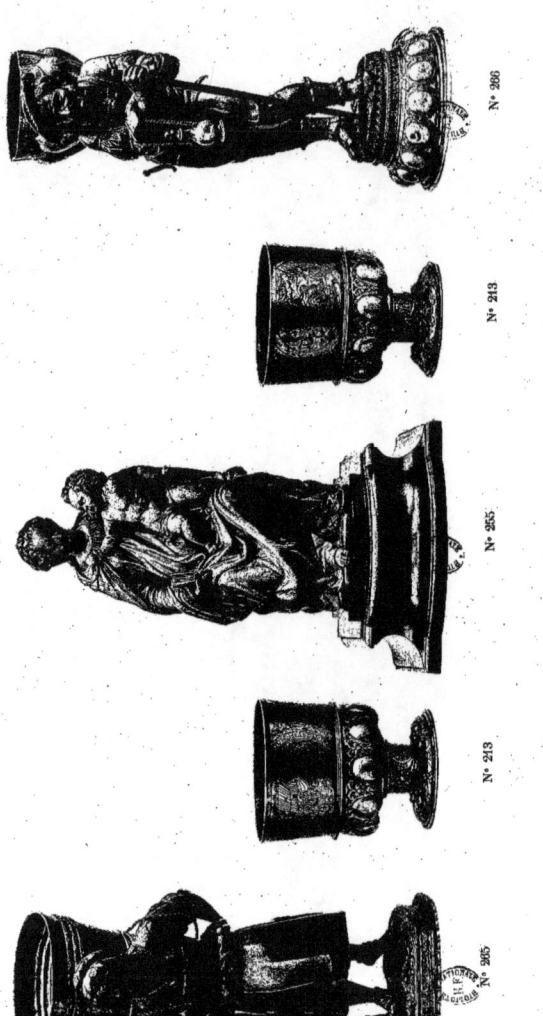

droite, deux guerriers, l'un d'eux à cheval. A gauche, Longin vient de frapper le Sauveur de sa lance. Ce sujet est encadré de l'inscription suivante : *Ut·Moses·Erexit·Serpentem· Ita·Christvs·in . crvce · exaltatvs · et · resvscitatvs · caput. serpentis· contrivit· ut· salvaret· credentes*.

L'autre face représente Adam et Ève tentés par le serpent et entourés d'animaux divers. A gauche, dans le fond, la Création de la femme. A droite, Adam et Ève chassés du paradis. A l'exergue, l'inscription suivante : *Et· sicvt in Adam omnes morivntvr ita et in Christvm omnes, vivificabvntvr vnvs quisqve in ordine suo.*

Précieux travail allemand du xvi° siècle.

Diam., 68 millim.

264 — **Buis**. Cuillère et fourchette dont les manches se terminent par des cariatides d'hommes barbus s'échappant d'ornements à volutes, terminés à leur partie inférieure par des mascarons. France. xvi° siècle.

Long., 155 millim.

(Collections Failly et De Lafaulotte.)

265 — **Bois**. Figurine de paysanne portant une hotte en argent doré. La terrasse est garnie d'une monture de même métal. Travail flamand du xvi° siècle.

Haut., 24 cent.

266 — **Bois**. Statuette de paysan debout portant une hotte et reposant sur un pied ovale en argent repoussé à côtes et à oves. xvii° siècle.

Haut., 25 cent.

267 — **Terre cuite**. Statuette par Clodion : Léda debout et nue

s'appuyant sur un groupe de roseaux. Le cygne est à ses pieds.

Socle en marbre bleu turquin avec rang de perles en cuivre doré.

Haut., 40 cent.

268 — **Terre cuite**. Petite pendule modelée par *Clodion*. Elle est formée d'une figure de jeune femme accroupie soulevant une draperie qui couvre en partie un buisson de fleurs qui renferme le mouvement. Socle en marbre griotte garni d'un double rang de perles en bronze doré.

Hauteur totale, 36 cent.; larg., 46 cent.

269 — **Terre cuite**. Les Dénicheurs, deux statuettes de jeunes faune et faunesse dans l'attitude de la course, pétillantes d'esprit et de vie et qui comptent au nombre des plus célèbres créations de Clodion.

Haut., 32 cent.

(Collection San Donato.)

270 — **Terre cuite**. Deux petites statuettes par *Marin* (signées) : Enfants satyres courant, couronnés de pampres; l'un d'eux tenant une grappe de raisins. Socles en serpentin d'Égypte.

Hauteur sans socle, 14 cent.

(Collection Du Manoir.)

LAMPE DE MOSQUÉE
ET
VERRES DE VENISE

271 — **Lampe de mosquée arabe** en forme de vase, à panse arrondie, gorge évasée et piédouche, en verre de teinte

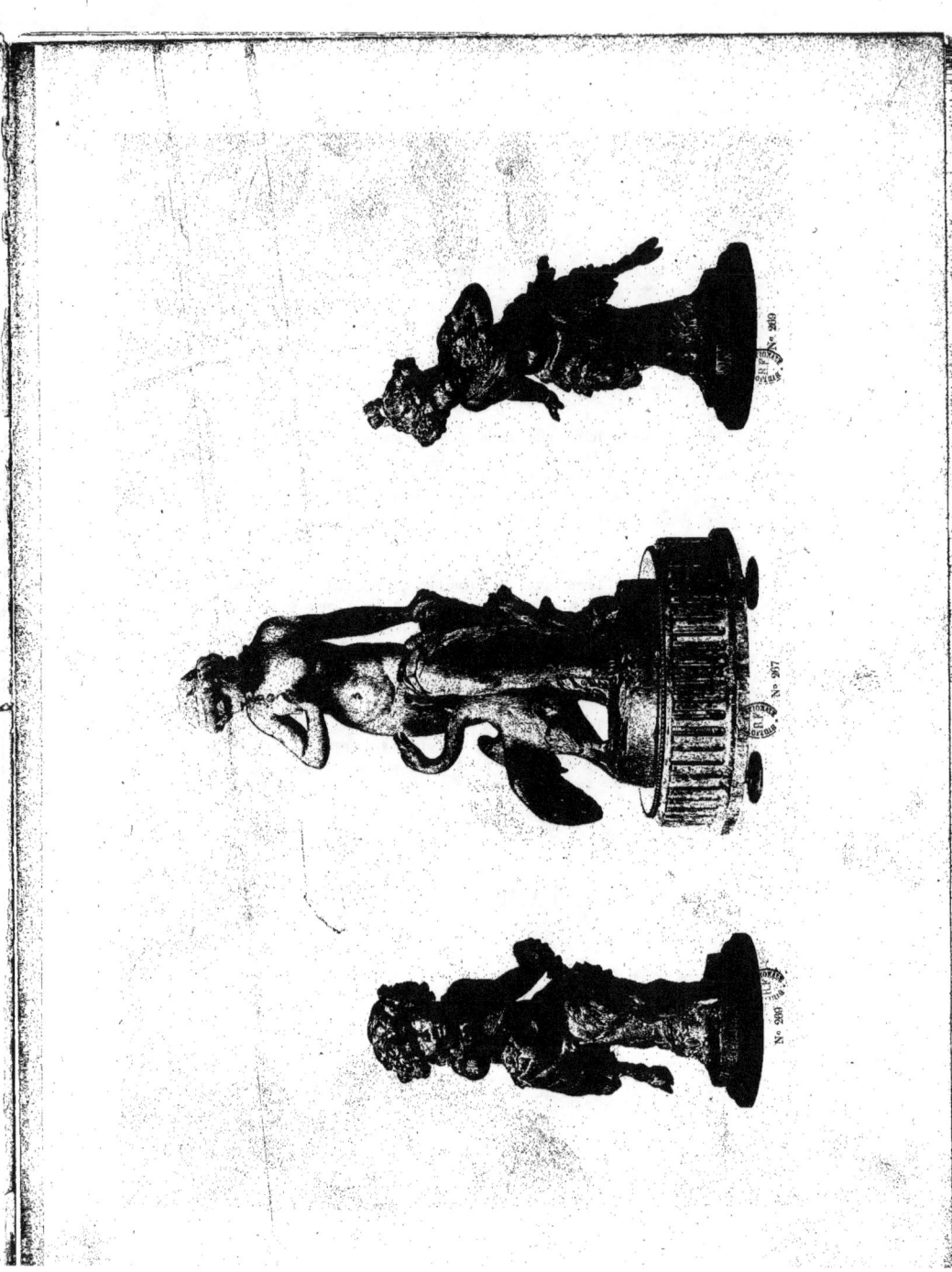

rosée et émaillé en couleurs. La panse présente des médaillons ronds, de fines arabesques et des fleurs dessinés au trait d'émail rouge avec rehauts d'émaux saillants colorés. Elle est garnie de six attaches destinées à la suspendre. La gorge offre une large frise portant un verset du Coran, dont les caractères émaillés bleu turquoise se détachent sur un fond portant des traces de dorure.

Cette inscription est placée entre deux bordures de fleurs dessinées au trait, avec points saillants d'émail et traces de dorure.

Le piédouche porte aussi un verset du Coran dont les caractères sont exécutés en rouge et au trait. Ouvrage arabe du xve siècle.

Haut., 33 cent.

272 — **Verre à boire**, sur piédouche à nervures saillantes et à nœud sphérique surbaissé, en verre bleu. La coupe est couverte d'imbrications à fond d'or, bordées d'émail blanc et rehaussées de points saillants d'émail bleu. Le pied est sablé d'or. Venise. Premières années du xvie siècle.

Haut., 200 millim.; diam., 105 millim.

(Collection De Lafaulotte.)

273 — **Coupe** ronde légèrement évasée et sur piédouche, en verre violet. La coupe est décorée au pourtour d'imbrications d'or rehaussées de points saillants d'émail bleu et blanc. Le piédouche est semé d'or.
Venise. xve siècle.

Haut., 184 millim.; diam., 210 millim.

(Collection Castellani.)

274 — **Petit vase** de forme surbaissée et à large ouverture, en

verre vert, à imbrications d'or et points saillants en émail de couleurs.

Haut., 55 millim.; diam., 85 millim.

(Collection Roux.)

275 — **Petite coupe** ronde et basse, à bords évasés, en verre incolore godronné, et à bordure composée d'imbrications dorées rehaussées de points saillants en émail bleu et blanc et d'un filet de verre bleu. Venise. xvi° siècle.

Haut., 60 millim.; diam., 146 millim.

(Collection Castellani.)

276 — **Vase** de forme ovoïde sur piédouche et avec couvercle en verre, à filets d'émail blanc entrecroisés et à torsades, soufflé à godrons, guirlandes et mascarons en relief.

Haut., 28 cent.

(Collection Nolivos.)

277 — **Vase** à couvercle en verre de Venise incolore, à ornements gravés à la pointe et armoiries, groupes de fruits, etc., décorés à froid en couleurs et or. xvi° siècle.

Haut., 26 cent.

278 — **Buire** à panse ovoïde, goulot à trèfle et à anse en S, en verre filigrané d'émail blanc.
Venise. xvi° siècle.

Haut., 280 millim.

(Collection De Lafaulotte.)

279 — **Buire** à panse ovoïde et col trilobé, en verre incolore,

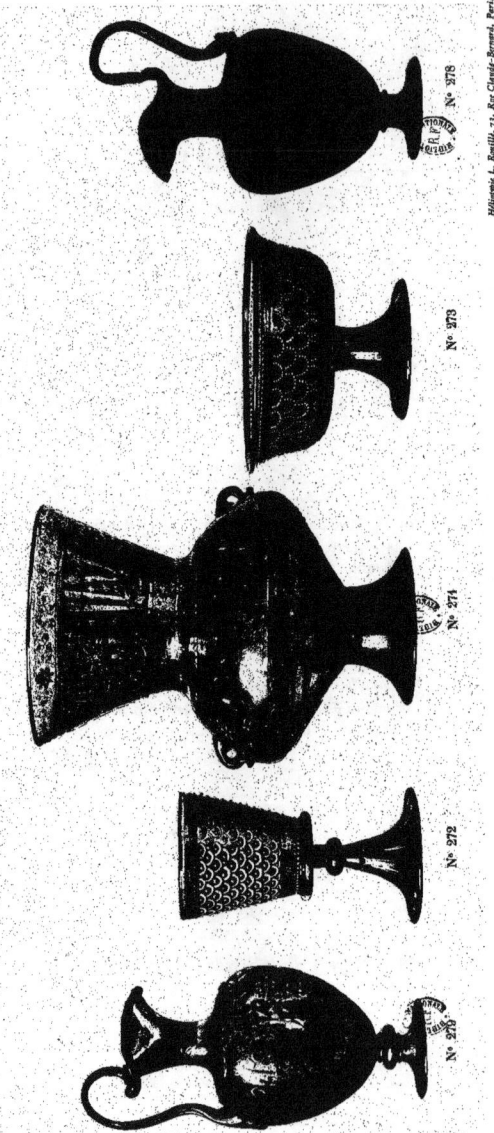

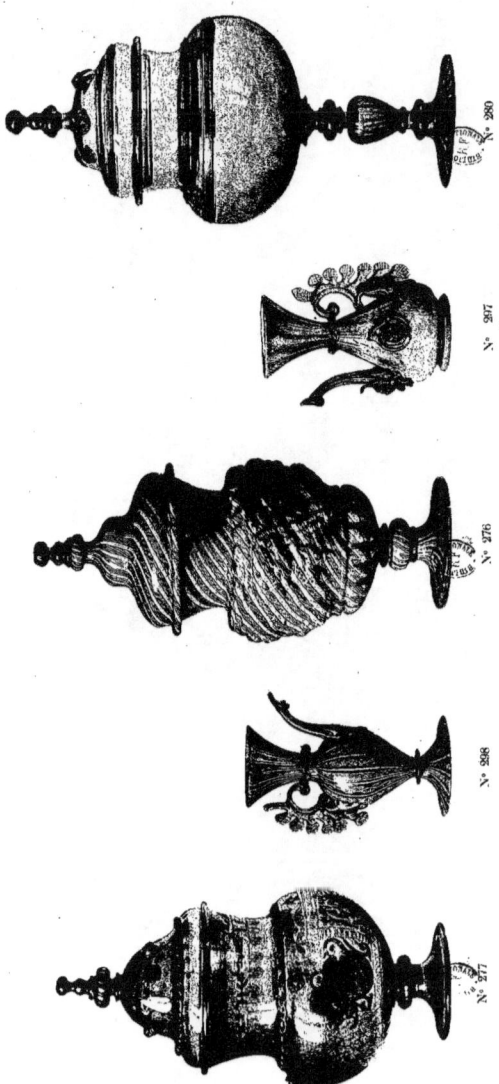

décorée d'ornements gravés à la pointe et portant un écusson armorié et des festons de fleurs peints à froid en couleurs et or.

Venise. xvi⁰ siècle.

Haut., 290 millim.

(*Collection De Lafaulotte.*)

280 — **Vase** de forme élégante, à panse sphérique et à gorge sur pied à balustre côtelé et à couvercle bombé, en verre incolore rehaussé de parties dorées, et offrant sur le couvercle et sur la panse du vase des rosaces rapportées en relief et dorées.

Venise. xvi⁰ siècle.

Haut., 430 millim.; diam., 130 millim.

(*Collection Castellani.*)

281 — **Curieux vase** à récipient multiple, mais à un seul orifice à bec. Le récipient inférieur se compose de trois tubes reliés entre eux par une lame mince de verre incolore et garnis d'arêtes saillantes et découpées, travaillées à la pince. Le récipient supérieur, de forme circulaire, a aussi son centre formé d'une plaque de verre incolore et ses côtés sont garnis d'ailettes en verre bleu travaillé à la pince.

Haut., 26 cent.

(*Collection Castellani.*)

282 — **Vase** à panse évasée en verre bleu avec culot sphérique, pied élevé à côtes en spirale et à deux anses reliant le culot à la panse, le tout en verre incolore. Le couvercle, aussi en verre incolore, a un bouton qui porte, ainsi que trois mufles de lions qui le décorent, des traces de dorure. Dans les entredeux des mufles de lions sont des rosaces saillantes en verre bleu. xvi⁰ siècle.

Haut., 32 cent.

283 — **Verre** de Venise dont la coupe présente dans sa partie inférieure des godrons saillants. Le pied élevé est garni de deux ailerons en émail bleu et en verre incolore enrichi de parties travaillées à la pince. xvi° siècle.

Haut., 18 cent.

284 — **Petit verre** dont la coupe, très évasée et à bosselages, repose sur un pied dit à ailerons, dont la torsade est émaillée de filets blancs, bleus et rouges.

Haut., 17 cent.

(Collection Richtenberger.)

285 — **Autre verre** analogue à celui qui précède; la torsade est émaillée de filets jaunes.

Haut., 17 cent.

(Collection Richtenberger.)

286 — **Coupe** dont le pied à torsade est émaillé de filets blancs, jaunes et rouges et enrichi de têtes d'oiseaux et de parties travaillées à la pince.

Haut., 22 cent.

(Collection Richtenberger.)

287 — **Verre** dont le pied élevé est formé par des torsades enlacées filigranées de blanc et de rouge et terminées par des têtes d'oiseaux et des ornements travaillés à la pince.

Haut., 24 cent.

(Collection Pourtalès.)

288 — **Verre** de Venise sur pied à balustre. Le tout filigrané de filets d'émail blanc entrecroisés.

Haut., 17 cent.

(Collection de la Villestreux.)

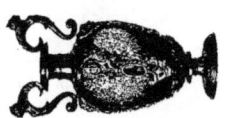

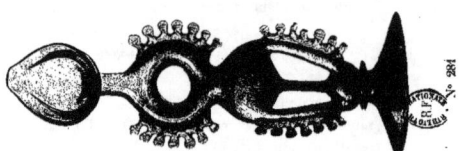

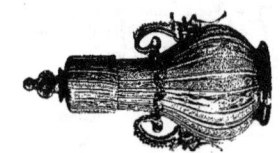

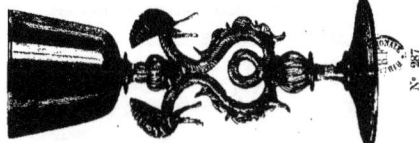

289 — **Verre** de Venise incolore à coupe conique godronnée sur pied élevé composé d'entrelacs et disposé en croix, enrichi de deux ailettes en verre bleu. xvi° siècle.

Haut., 235 millim.

290 — **Coupe** ronde à godrons rayonnants, en verre incolore, sur pied à balustre orné de mufles de lions et d'ornements en relief rehaussés de dorure. xvi° siècle.

Haut., 135 millim.; diam., 170 millim.

291 — **Coupe** de forme ronde et surbaissée en verre-agate de Venise, garnie de deux petites anses travaillées à la pince.

Haut., 8 cent.; diam., 10 cent.

(Collection Daru.)

292 — **Petite coupe** hémisphérique en verre de Venise incolore gravé au trait, sur pied droit garni de deux ailerons émaillés bleu et travaillés à la pince.

Haut., 115 millim.

293 — **Petite coupe** basse à six lobes en verre de Venise incolore filigrané d'émail blanc et à deux anses en S en verre incolore, travaillées à la pince.

Haut., 68 millim.; diam., 146 millim.

294 — **Verre** à coupe conique sur pied à balustre, en verre incolore, à filets d'émail blanc entrecroisés.

Haut., 18 cent.

(Collection San Donato.)

295 — **Coupe** en verre de Venise incolore, avec culot et piédouche à nœud, décorée de filets d'émail blanc entrecroisés.

Haut., 12 cent.; diam., 148 millim.

(*Collection San Donato.*)

296 — **Deux petits vases** ovoïdes en verre bleu, garnis de montures en cuivre doré et argenté, avec appliques découpées ornées de têtes de chérubins et à anses à cariatides. Venise. xvi° siècle.

Haut., 135 millim.

(*Collection Castellani.*)

297 — **Deux burettes** en verre de Venise imitant l'opale, à côtes verticales et à anse décorée d'ornements travaillés à la pince. La partie inférieure du goulot ainsi que la panse présentent des mascarons en relief qui portent des traces de dorure. xvi° siècle.

Haut., 12 cent.

298 — **Deux burettes** en verre filigrané de Venise, à anses travaillées à la pince.

Haut., 13 cent.

299 — **Deux petites buires** de forme élégante en verre de Venise, l'une à bord et rosaces saillantes, émaillés bleu, panse enrichie de godrons saillants et gorge à trèfle; l'autre à panse surbaissée unie et gorge à trèfle garnie d'un double filet d'émail bleu. xvi° siècle.

Haut., 125 millim. et 15 cent.

300 — **Deux flacons** piriformes en verre filigrané d'émail blanc, à collerette et anses travaillées à la pince et à couvercle cylindrique surmonté d'un bouton.

Haut., 18 cent.

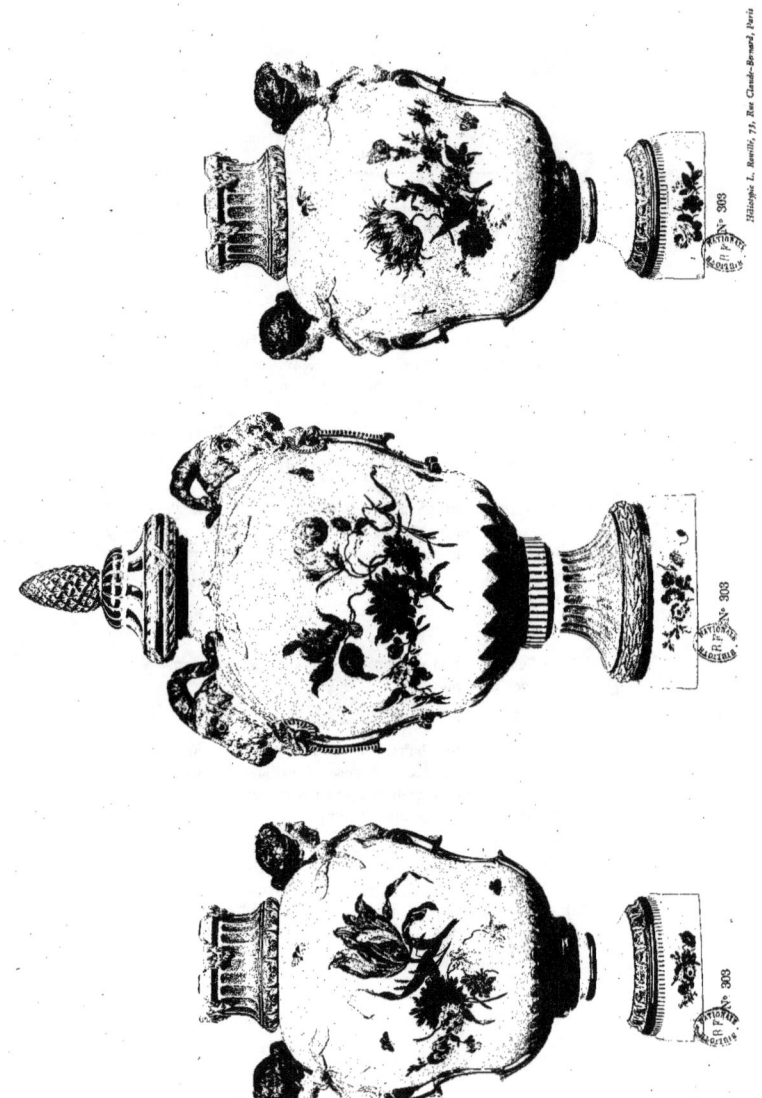

PORCELAINES EUROPÉENNES

301 — **Jardinière** de forme ronde et basse à deux anses, en ancienne porcelaine de Sèvres, pâte tendre, fond bleu de roi, à médaillons, groupes de fleurs et de fruits et riches arabesques d'or. Peintures par Bouillat, les ors par Vincent. Époque Louis XVI.

Haut., 12 cent.; diam., 19 cent.

(Collection Beaven.)

302 — **Petit plateau** carré à bord évasé, en ancienne porcelaine de Sèvres, pâte tendre, fond gros bleu caillouté d'or et médaillon, attributs de jardinage dans un jardin.
Époque Louis XV.

Diam., 11 cent.

303 — **Garniture de trois grands vases** en ancienne porcelaine de Berlin, décorés de bouquets de fleurs. Le vase du milieu est enrichi d'anses formées de têtes de béliers et de rubans en relief et il est garni d'un couvercle repercé à jour. Les deux autres ont des anses composées d'ornements en relief qui se terminent à leur partie supérieure par des têtes de bacchantes en ronde bosse avec draperies émaillées rose. Ces pièces sont remarquables par l'élégance de leur forme, par leur belle conservation et le fini de leur décor.

Haut., 65 et 45 cent.

304 — **Deux vases** en ancienne porcelaine de Berlin, de forme ovoïde, à deux anses, fond bleu de roi, décorés de médaillons peints en grisaille et d'ornements d'or de couleurs. Les médaillons de la face principale représentent les bustes du

grand Frédéric et de Frédéric-Guillaume II. Les deux autres offrent des attributs guerriers.

Haut., 33 cent.

305 — **Groupe** en ancienne porcelaine de Saxe : Chinois assis ayant près de lui un enfant debout. Les vêtements sont décorés de fleurettes polychromes.

Haut., 17 cent.

306 — **Petit groupe** de deux enfants en porcelaine de Saxe : la Leçon de flûte.

Haut., 13 cent.

BRONZES D'ART

307-308 — **Deux statuettes** en bronze du xvi° siècle, munies d'une très belle patine brun clair et montées chacune sur un socle composé d'ornements rocaille en bronze ciselé et doré du temps de Louis XV.

L'une représente une femme nue, la jambe droite appuyée sur une draperie jetée sur un tronc d'arbre, se tirant une épine du pied ; l'autre, une femme également nue, assise sur une draperie placée sur un tronc d'arbre, et la jambe droite croisée sur la gauche ; elle achève de natter sa chevelure qui est retenue du haut par un bandeau.

Haut., 18 cent.

(Collection Pourtalès.)

309 — **La Nuit** de Michel-Ange, bronze florentin du xvi° siècle, sur cire perdue. Belle patine.

Socle en marbre rouge antique.

Hauteur sans socle, 18 cent.; larg., 22 cent.

(Collection de San Donato.)

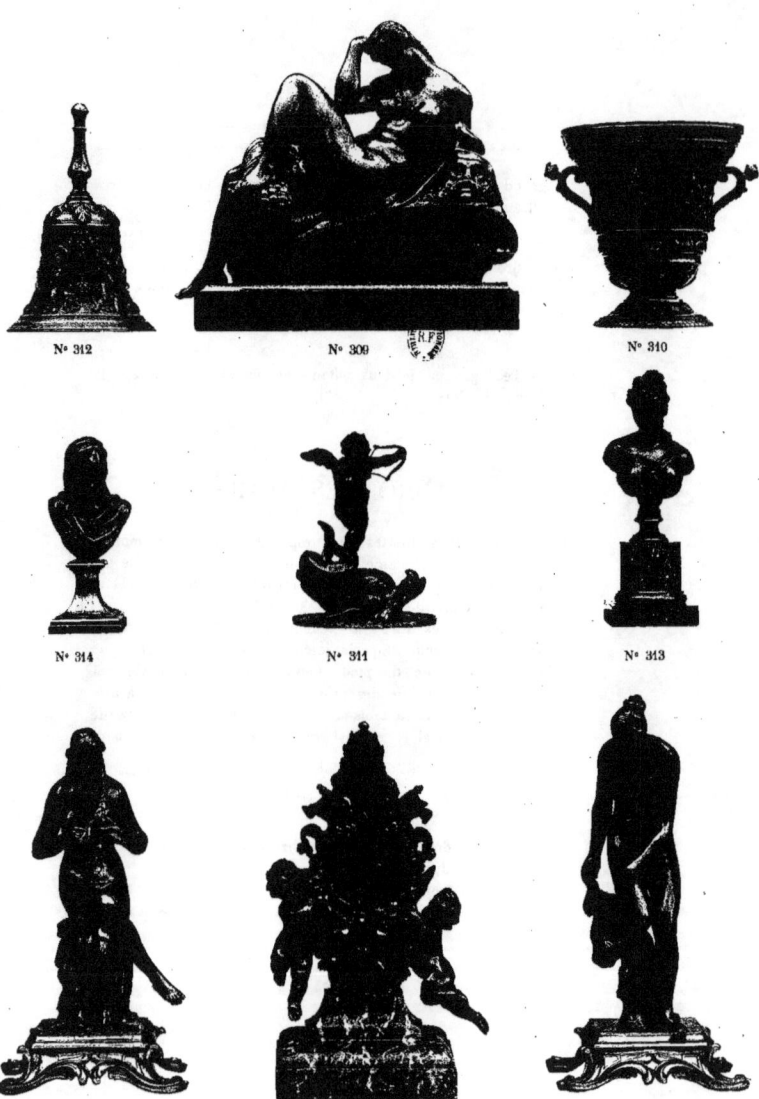

310 — **Vase** en bronze de forme très élégante, à deux anses formées de volutes et de têtes de femmes. Sa panse présente sur chacune de ses faces deux figures de génies ailés soutenant un écusson armorié et des cartouches portant les lettres A et C. Le culot du vase, son piédouche et sa gorge sont enrichis d'ornements en relief. Travail italien du xviᵉ siècle.

Haut., 12 cent.

(*Collection Nolivos.*)

311 — **Petit groupe** en bronze : Amour monté sur un dauphin, les yeux bandés et tirant de l'arc. Ouvrage italien du xviᵉ siècle.

Haut., 15 cent.

(*Collection de Janzé.*)

312 — **Sonnette** en métal de cloche présentant au pourtour des figures de génies en relief ainsi que des mascarons auxquels sont appendus des écussons portant des armoiries gravées en creux. La partie supérieure de la pièce offre des feuilles en relief. Ouvrage italien du xviᵉ siècle.

Hauteur sans manche, 8 cent.

313 — **Petit buste de femme**, les cheveux très délicatement traités retenus par un bandeau orné sur le devant d'une petite coquille.

Une draperie retenue par un ruban passant sur l'épaule gauche laisse les seins à découvert. Bronze italien très fin du xviᵉ siècle. Socle en porphyre.

Hauteur sans socle, 10 cent.

314 — **Très petit buste de Vierge** en bronze, la tête couverte d'un voile et les épaules d'une draperie. Travail italien du xviᵉ siècle. Sur piédouche carré en cuivre doré.

Hauteur totale, 11 cent.

(*Collection Édouard Fould.*)

315 — **Médaille** en bronze du pape Paul V, de profil à droite. Elle est placée dans un encadrement en bronze fondu à cire perdue, composé d'un cartouche supporté par un aigle à deux têtes couronnées et par trois génies dont deux placés à la partie inférieure du petit monument soutiennent le cartouche circulaire ainsi que des groupes de feuillages. Le troisième génie, placé à la partie supérieure du groupe, tient la tiare de ses deux mains surélevées et les clefs de saint Pierre sont placées en croix au-dessus du médaillon. Ce groupe, de travail italien et du xviie siècle, est à double face et repose sur un socle en marbre vert de mer.

Haut., 22 cent.; larg., 13 cent.

316 — **Encrier** en forme de coupe triangulaire à angles coupés et à côtés cintrés ornés de mascarons et de draperies en relief. Il est supporté par trois figurines de génies ailés, assis sur des enroulements. Le couvercle, orné de trois mascarons et d'oves, est surmonté d'une figurine élégante de l'Espérance. Elle est debout, drapée, et s'appuie de sa main droite sur une ancre.

Ouvrage italien du xvie siècle.

Haut., 26 cent.

317 — **Encrier** formé d'une coupe sphérique supportée par trois figurines d'enfants assis et décorée dans les entredeux de bustes-appliques en bas-relief. Le couvercle est surmonté d'une figurine d'amour assis. Bronze italien du xvie siècle. Sur plinthe à ressauts en marbre vert de mer.

Hauteur totale, 19 cent.

318 — **Deux flambeaux** formés, l'un d'une figurine de femme debout portant un vase sur l'épaule droite; l'autre, d'une statuette analogue, le corps ceint d'une draperie et portant sur son épaule droite un enfant nu qui tient de ses

deux mains le vase porte-lumière qui repose sur la tête de
la figure principale.
Bronzes italiens du xvi° siècle.
Sur socles à gorges en marbre noir.

Hauteur des statuettes, 147 millim.
Hauteur totale, 23 cent.

319 — **Statuette** : Hercule Farnèse. Bronze italien du xvi° siècle ;
sur socle à moulures en marbre vert de mer.

Hauteur sans socle, 145 millim.

320 — **Groupe** : Hercule étouffant Antée. Bronze français du
temps de Louis XIV, muni d'une belle patine brune.
Sur socle oblong en bois d'ébène incrusté de filets de
cuivre, avec pieds de biches et feuilles en bronze ciselé et
doré.

Hauteur du bronze, 43 cent.
Hauteur totale, 59 cent.

321 — **Buire** de forme antique à panse ovoïde, goulot à trèfle,
anse à double enroulement et piédouche bas, en cuivre
très finement gravé, et enrichie d'incrustations d'argent.
Travail vénitien du xvi° siècle, de style oriental.

Haut., 29 cent.

322 — **Deux groupes** en bronze du temps de Louis XIV, représentant : l'un, Neptune ayant un cheval marin à ses pieds,
et l'autre, Bacchus portant Achille dans ses bras. Sur socles
en marbre vert de mer.

Hauteur sans socle, 25 cent.

(*Collection Du Manoir.*)

323 — **Statuette**. Paysan debout s'appuyant sur un tronc
d'arbre. Bronze français du xvii° siècle, sur socle à gorge
et à moulures en marbre noir.

Hauteur sans socle, 135 millim.

BRONZES D'AMEUBLEMENT

324 — **Deux flambeaux** du temps de Louis XVI, en bronze ciselé et doré au mat, modèle à trépied orné de têtes d'enfants souffleurs ailés, de guirlandes de fruits et offrant au centre un carquois retenu par des chaînettes. La base à ressauts offre un flambeau flanqué de rinceaux se terminant par les doubles têtes d'aigles de la maison d'Autriche, ces dernières reliées par des draperies. Le porte-bougie est orné de festons de lauriers retenus par des rubans.

Ces flambeaux sont signés au-dessous : *Martincourt :* ils ont appartenu à Marie-Antoinette. (Voir catalogue de Trianon, n° 21.) Ils ont été gravés dans l'ouvrage du baron Davillier. (Catalogue du duc d'Aumont.)

Haut., 30 cent.

325 — **Deux flambeaux** en bronze finement ciselé et doré au mat par *Gouthières*. Modèle à trépied et tige centrale cannelée en spirale ; les trois pieds se terminent par des volutes ornées, reliées par des festons de lauriers. La base à gorge est divisée en trois compartiments occupés par des fleurons élégants, découpés à jour, et enrichis d'un rang de perles. Les entredeux servant d'appui aux pieds du flambeau forment console et sont ornés de feuilles ciselées et de cannelures.

Haut., 27 cent.

326-327 — **Deux paires de flambeaux** du temps de Louis XV, en bronze ciselé et doré, composés d'ornements rocaille, à tige triangulaire en torsade avec écussons et base à ressauts, cannelée et ornée de coquilles.

Dans leur étui du temps.

Haut., 24 cent.

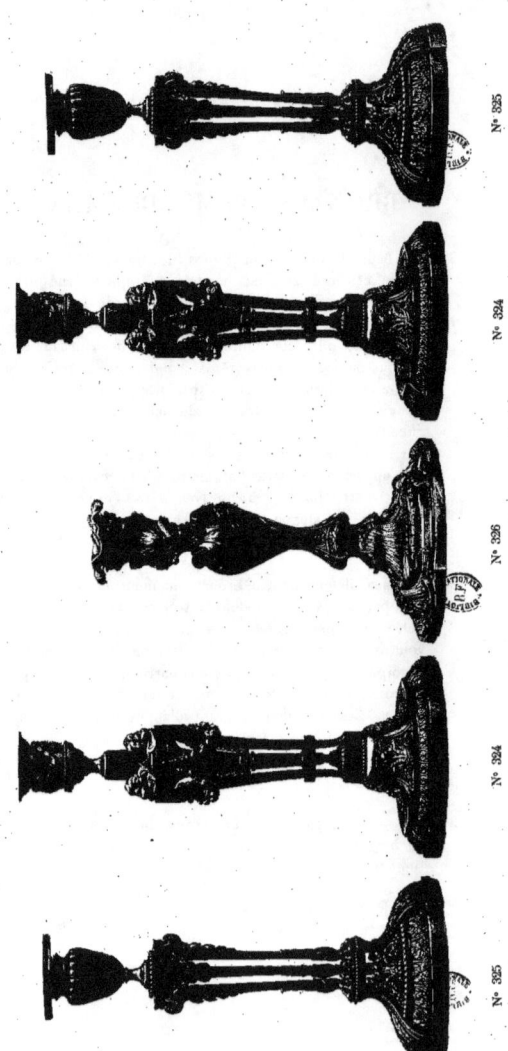

328 — **Grande pendule** du temps de Louis XVI, en bronze doré au mat et marbre blanc. Le mouvement à quantièmes et à secondes est placé dans un vase surmonté d'un bouquet de fleurs d'où s'échappent deux festons tenus par deux femmes drapées assises sur une galerie servant d'appui au vase. Un amour debout tend les bras vers la figure placée à la droite de la pièce.

Le socle cintré est enrichi de bas-reliefs en bronze finement ciselé, représentant des jeux d'enfants sur la face principale et des rinceaux sur les côtés.

Haut., 68 cent.; larg., 56 cent.

329 — **Deux grands candélabres** du temps de Louis XVI, en bronze doré au mat, sur socles en marbre blanc enrichis d'appliques représentant des cornes d'abondance et des festons de lauriers.

Les tiges des candélabres sont formées de consoles simulant deux à deux des lyres ornées qui reposent sur des cariatides à têtes égyptiennes se terminant par des rinceaux.

Les bouquets sont formés de sept branches porte-lumières à rinceaux. La branche centrale est entourée par trois serpents.

Haut., 75 cent.

330 — **Deux chenets** du temps de Louis XVI, en bronze finement ciselé et doré au mat. Ils sont formés de cassolettes supportées par des consoles enrichies de festons de lauriers. Les socles, à galeries ornées, reposent sur des pieds droits cannelés et ils sont enrichis de petits vases garnis d'anneaux mouvants.

Haut., 37 cent.; larg., 41 cent.

331 — **Deux girandoles** du temps de Louis XVI, en bronze, formées chacune d'un groupe de deux figures : nymphe et

enfant, et adolescent et enfant bacchant sur terrasse ciselée et base octogone ornée de festons de fleurs finement ciselées.

Ces groupes supportent des bouquets à trois branches porte-lumières, à rinceaux et fleuron au centre.

Le tout muni d'une patine brun clair.

Haut., 40 cent.; diam., 23 cent.

332 — **Petit cartel porte-montre**, modèle rocaille, en bronze doré, enrichi d'un dragon et d'un lézard, et surmonté d'une figurine d'enfant. Il est accompagné d'une montre en cuivre gravé avec cadran à cartouches émaillés. Époque Louis XV.

Haut., 30 cent.; larg., 20 cent.

MEUBLES

333 — **Table** carrée et haute, en bois d'acajou sculpté et découpé à jour, très riche d'ornementation, du temps de Louis XV. Travail très soigné.

Cette table sert de pied à une vitrine de forme monumentale en fer poli à dôme, vitrée sur toutes ses faces et garnie à l'intérieur de tablettes en glace.

Hauteur totale, 2 m. 3 cent.; larg., 85 cent.
Hauteur de la table, 94 cent.

(Collection Evans Lombe.)

334 — **Grand meuble** à deux corps en bois noir et fer poli : le bas à trois portes pleines et tiroirs ; le haut formant vitrine, à trois portes en glace, l'une large, les autres étroites.

Le corps supérieur est garni à l'intérieur de peluche ponceau.

Haut., 2 m. 50 cent.; larg., 1 m. 78 cent.; prof., 49 cent.

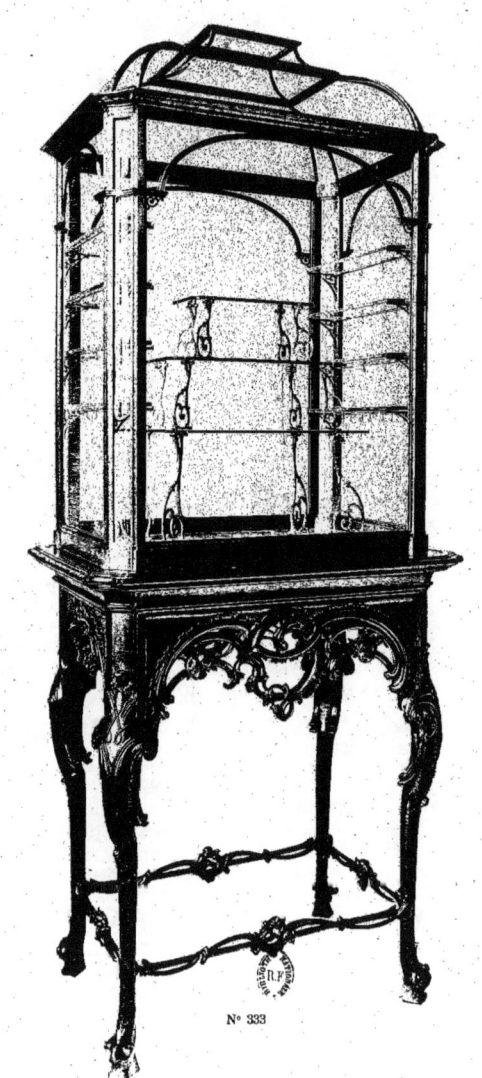

N° 333

DEUXIÈME PARTIE

TRAVAUX ORIENTAUX

MATIÈRES PRÉCIEUSES

TRAVAIL ORIENTAL

---

335 — **Jade blanc laiteux.** Théière sphéroïdale, en jade taillé à larges godrons; le couvercle, légèrement bombé, est également orné d'une ceinture de godrons et surmonté d'un bouton côtelé; le goulot est formé par une tête de chèvre. Trois attaches, prises dans la masse, soutiennent une anse supérieure, en bronze doré et ciselé avec parties d'émail cloisonné, composée de trois branches formées par des sceptres et chargées de trois petits poissons en saillie, réunies au sommet par un bouton godronné.

Hauteur du jade, 110 millim.; larg., 175 millim.
Hauteur totale, 19 cent.

(Collection Barbet de Jouy et collection du vicomte Paul Daru.)

336 — **Jade blanc.** Brûle-parfums oblong, à quatre angles vifs, à quatre pieds bas et à deux anses surmontées de petits animaux couchés et garnies d'anneaux mobiles; le tout pris dans la masse, ainsi que deux anneaux retenus par des têtes chimériques placées dans l'axe des grands côtés et quatre petits motifs garnissant les angles.

Il est, de plus, entièrement couvert, ainsi que le couvercle, d'ornements gravés en relief. Ce dernier présente sur chacune de ses faces des têtes et des anneaux analogues à ceux qui décorent la panse du vase, plus quatre

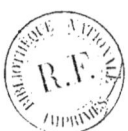

motifs repercés à jour aux angles, et il est surmonté d'un petit animal couché, le tout pris dans le bloc.

Cette pièce repose sur un socle en jade vert, décoré d'ornements en relief.

Travail chinois.

Hauteur sans socle, 132 millim.; long., 81 millim.; larg., 81 millim.
Hauteur totale, 168 millim.

337 — **Jade blanc.** Brûle-parfums de forme sphérique surbaissée, reposant sur trois pieds bas et à deux anses, têtes chimériques, le tout pris dans la masse. Le couvercle est surmonté d'un dragon. Cette pièce est couverte dans toutes ses parties d'ornements gravés en relief. Travail chinois.

Haut., 100 millim.; largeur, y compris les anses, 165 millim.; diam., 110 millim.

338 — **Jade blanc.** Vase modèle cornet à panse renflée, ornée, ainsi que la base de la pièce, de fleurs et de dragons sculptés en relief et repercés à jour. La partie évasée du vase est ornée de quatre fleurons saillants, garnis d'anneaux mouvants pris dans la masse. Socle en bois de fer, repercé à jour. Travail chinois.

Hauteur sans socle, 200 millim.

339 — **Jade blanc.** Vase en forme de balustre, carré de plan, et à gorge garnie sur les faces latérales de têtes chimériques à anneaux mouvants; le tout pris dans le bloc. Il est enrichi, ainsi que son couvercle, d'arêtes saillantes et il est couvert d'ornements finement gravés. Travail chinois.

Haut., 22 cent.; largeur de la panse, 12 cent.

340 — **Jade blanc.** Vase en forme de balustre aplati, à deux anses têtes d'oiseaux et anneaux mobiles pris dans le bloc. La panse est couverte d'ornements gravés et le couvercle

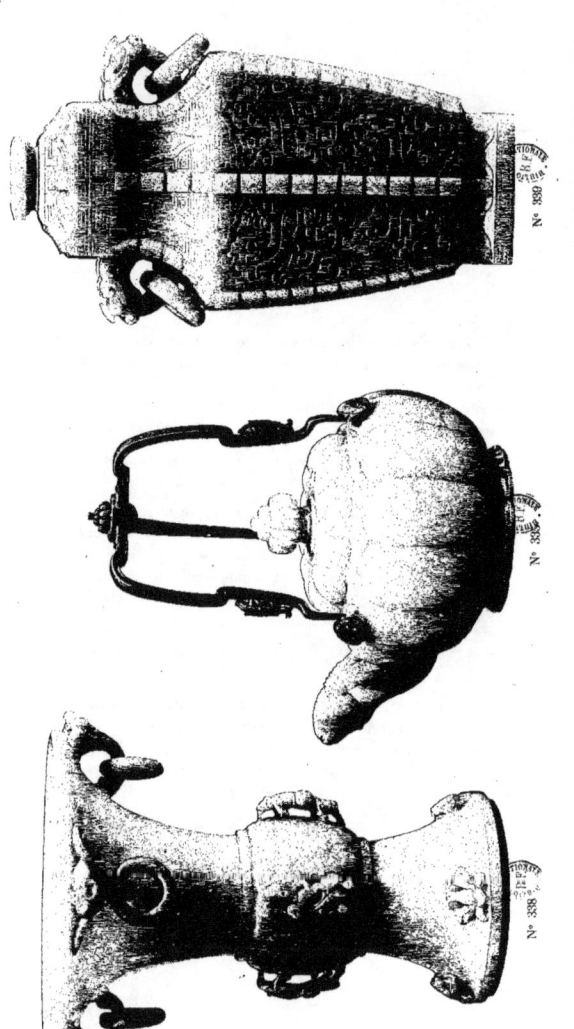

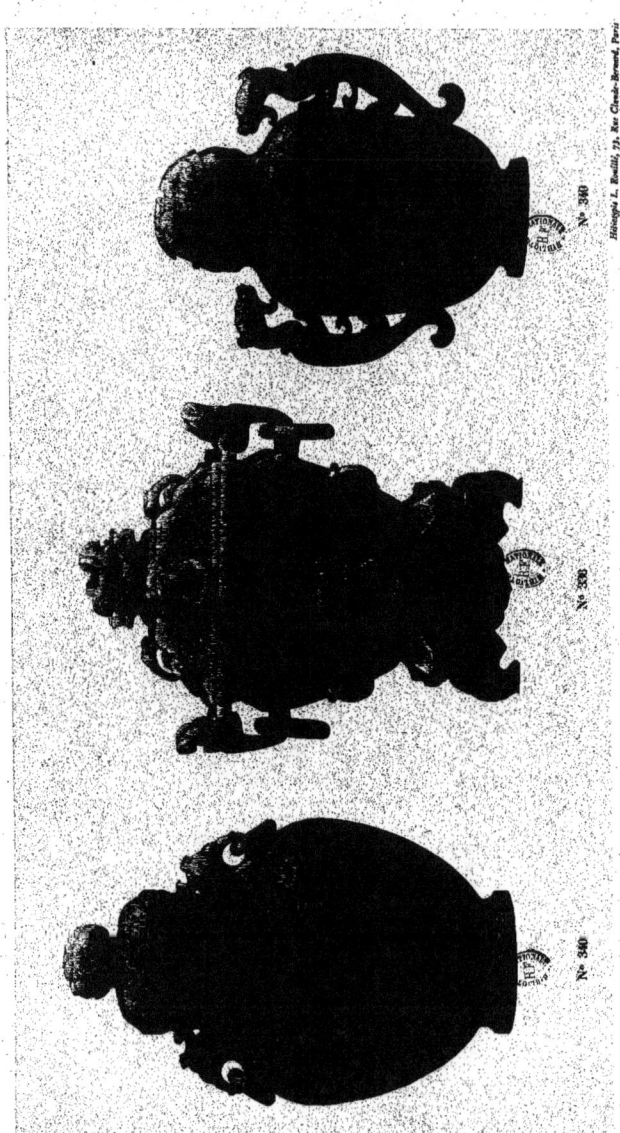

bombé est surmonté d'un dragon repercé à jour. Travail chinois.

Haut., 170 millim.; larg., 110 millim.

341-342 — **Jade blanc.** Deux coupes rondes unies à bords légèrement évasés. Marque à quatre caractères. Travail chinois.

Haut., 56 millim.; diam., 115 millim.

343 — **Jade blanc.** Petit vase en forme de bouteille plate, à côtes et chauves-souris en relief sur la panse. Il repose sur un petit socle en jade vert finement sculpté et repercé à jour.

Hauteur totale, 122 millim.

344 — **Jade blanc.** Coupe ronde et profonde bien évidée et unie portant une marque à quatre caractères. Travail chinois. Cette pièce est garnie d'une monture en cuivre doré.

Hauteur de la coupe, 60 millim.; diam., 145 millim.

(*Collection Bal.*)

345 — **Jade blanc.** Petit vase à verser en forme de fruit garni de deux anses et enrichi d'une double traverse en forme de fleurs, de branchages et de chauve-souris, sculptés en relief et pris dans la masse. Socle en bois de fer sculpté repercé à jour. Travail chinois.

Haut., 50 millim.; long., 128 millim.; larg., 100 millim.

346 — **Jade blanc.** Jolie petite coupe ronde garnie de trois anses formées chacune par un dragon chimérique pris dans la masse et découpé à jour. Travail chinois très fin.

Haut., 35 millim.; long., 110 millim.; larg., 87 millim.

347 — **Jade blanc.** Couteau à manche en jade blanc gravé à dragons et portant de longues inscriptions. Le fourreau en velours rouge est couvert de quadrillages et de rosaces en or ciselé et il est enrichi ainsi que la douille du couteau de coraux et de turquoises. La lame est tachée d'or. Travail chinois.

Longueur du couteau, 270 millim.
Longueur du fourreau, 256 millim.

348 — **Jade blanc avec deux parties de teinte rouille.** Petite boîte, simulant sur le dessus une grenade ouverte. Travail chinois.

Haut., 50 millim.; larg., 74 millim.

349 — **Jade blanc verdâtre.** Vase à panse ovoïde aplatie et à deux anses formées de dragons; le tout pris dans le bloc et repercé à jour. La panse est couverte de dragons chimériques gravés en relief et le couvercle bombé présente également un dragon couché. Socle en bois de fer sculpté. Travail chinois.

Haut., 140 millim.; larg., 116 millim.

350 — **Jade blanc verdâtre.** Brûle-parfums à couvercle, de forme sphérique, à deux anses prises dans la masse, entièrement sculpté à jour, à fleurs et feuillages. Socle en bois de fer sculpté. Travail chinois.

Haut., 110 millim.; largeur, y compris les anses, 146 millim ; diam., 100 millim.

(*Collection Bal.*)

351 — **Jade blanc verdâtre.** Petit vase, en forme de balustre carré, enrichi de frises ornementées et à anses verticales prises dans la masse et repercées à jour.

Haut , 105 millim.

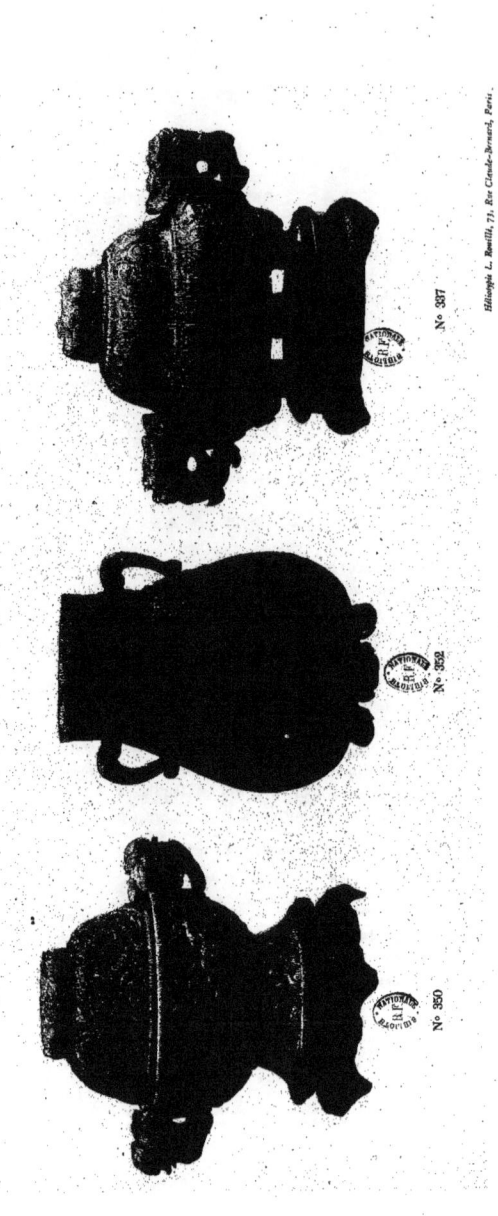

TRAVAUX ORIENTAUX

352 — **Jade blanc verdâtre.** Petit vase en forme de balustre légèrement aplati et à deux anses prises dans la masse, décoré au col et au culot de fleurs et de feuillages en relief. Il repose sur six pieds bas simulant des feuilles et pris dans la masse. Travail chinois.

Haut., 185 millim.; larg., 105 millim.

353 — **Jade blanc verdâtre.** Boîte à trois pointes et à trois compartiments à l'intérieur, couverte à l'extérieur de fleurs et de feuillages gravés en relief. Le bouton du couvercle est rapporté et incrusté d'un rubis serti en or. Travail indien.

Haut., 35 millim.; diam., 71 millim.

354 — **Jade blanc verdâtre.** Deux boîtes couvertes de forme lenticulaire, enrichies de fleurs arabesques et d'ornements gravés et repercés à jour. Elles sont posées sur deux petites tables en bois de fer sculpté et repercé à jour. Travail chinois.

Haut., 36 millim.; diam., 100 millim.

355 — **Jade gris verdâtre.** Coupe oblongue se terminant par deux angles vifs. Elle est couverte de feuillages gravés en relief. Travail indien.

Haut., 55 millim.; long., 122 millim.; larg., 89 millim.

356 — **Jade gris verdâtre.** Boîte couverte en forme de triple feuille et à divisions intérieures reposant sur un plateau en forme de feuille. Les diverses parties qui composent cette pièce sont enrichies d'incrustations d'or, de rubis et d'émeraudes représentant des fleurs et des ornements du plus brillant effet. Travail indien remarquable.

Hauteur de la boîte, 40 millim.; long., 77 millim.; larg., 57 millim.
Longueur du plateau, 121 millim.; larg., 107 millim.

DEUXIÈME PARTIE

357 — **Jade grisâtre**. Coupe en forme de feuille avec fleurs et feuillages pris dans la masse et décorant l'intérieur et l'extérieur de la pièce. Travail chinois.

Haut., 49 millim.; long., 200 millim.; larg., 158 millim.

358 — **Jade gris transparent**. Coupe ronde très bien évidée et présentant à l'extérieur des ornements gravés en relief. Socle en bois de fer très finement sculpté. Travail indien.

Haut., 41 millim.; diam., 146 millim.

359 — **Jade vert émeraude**. Coupe ronde et basse décorée au pourtour extérieur d'ornements finement gravés en relief et supportée par cinq petits pieds bas. Travail chinois.

Haut., 52 millim.; diam., 148 millim.

360 — **Jade vert**. Vase en forme de balustre aplati, à deux anses, têtes chimériques, et anneaux mouvants pris dans la masse. La panse est entourée par deux dragons sculptés en haut-relief et son couvercle est surmonté par un dragon couché. Ce vase porte une marque à six caractères.

Haut., 18 cent.

(Collection du comte de Morny.)

361 — **Jade vert**. Coupe ronde et basse, couverte, à l'intérieur et au pourtour extérieur, d'incrustations d'or, de rubis et de saphirs. Travail de l'Inde.

Haut., 25 millim.; diam., 139 millim.

362 — **Cristal de roche**. Flacon en forme de fruit incrusté d'or, de petits rubis et de saphirs. Travail indien.

Haut., 60 millim.

363 — **Cristal de roche.** Petit vase en forme de balustre aplati, à deux anses et entouré à sa partie inférieure de fleurs et de feuillages en relief; le tout pris dans le bloc. Le couvercle est surmonté d'un petit animal couché. Socle en bois finement repercé à jour et incrusté de filets d'argent. Travail chinois.

Haut., 140 millim.; larg., 80 millim.

364 — **Cristal de roche.** Petit vase en forme de balustre à deux anses prises dans la masse et portant sur la panse des ornements gravés en relief. Le couvercle bombé est surmonté d'un animal couché. Travail chinois.

Haut., 115 millim.; diam., 64 millim.

365 — **Cristal de roche.** Petit vase modèle balustre, aplati, à deux anses et couvercle, accompagné de branchages garnissant la base et pris dans la masse. Socle en bois sculpté découpé à jour. Travail chinois.

Haut., 100 millim.; larg., 103 millim.

366 — **Cristal de roche.** Écritoire formée de deux fruits accolés, accompagnés de leurs branches et de leurs feuilles. Socle en bois sculpté. Travail chinois.

Haut., 45 millim.; larg., 123 millim.

367 — **Lapis-lazuli de Perse.** Groupe de deux chiens de Fô; l'un d'eux couché, l'autre plus petit debout derrière le premier. Travail chinois.

Haut., 60 millim.; long., 98 millim.

368 — **Lapis-lazuli de Perse.** Petite boîte de forme lenticulaire; le couvercle présente des ornements gravés en relief. Travail chinois.

Haut., 40 millim.; diam., 71 millim.

DEUXIÈME PARTIE

369 — **Agate orientale sardonisée.** Coupe ronde sur piédouche pris dans la masse, accompagnée de son plateau rond et creux.

Hauteur de la coupe, 60 millim.; diam., 86 millim.
Diamètre du plateau, 120 millim.

(*Collection de M. le duc de Morny.*)

370 — **Agate orientale blonde mamelonnée et arborisée.** Gobelet de forme légèrement évasée, avec base conique prise dans la masse et évidée. Travail oriental.

Haut., 85 millim.; diam., 87 millim.

(*Collection Fould.*)

371 — **Agate orientale blonde mamelonnée et sardonisée.** Coupe hémisphérique, avec base prise dans la masse et évidée. Travail oriental.

Haut., 65 millim.; diam., 108 millim.

(*Collection Fould.*)

372 — **Agate orientale grisâtre et mamelonnée.** Coupe ronde unie sur pied très bas et accompagnée d'une soucoupe de même matière.

Hauteur de la coupe, 55 millim.; diam., 97 millim.
Diamètre de la soucoupe, 125 millim.

373 — **Agate orientale mamelonnée et sardonisée.** Petite coupe à pans et plissée, garnie de petites anses formées de branchages et prises dans la masse. Travail chinois.

Haut., 42 millim.; long., 55 millim.; larg., 65 millim.

374 — **Agate orientale mamelonnée et sardonisée.** Petite coupe ronde unie accompagnée d'un plateau de même matière.

Diamètre du plateau, 115 millim.

375 — **Agate orientale blonde et mamelonnée.** Petite coupe ronde légèrement évasée, à deux petites anses prises dans la masse. Travail chinois.

Haut., 25 millim.; larg., 87 millim.; diam., 60 millim.

PORCELAINES ORIENTALES

376 — **Porcelaine de Chine.** Assiette d'échantillon en belle porcelaine doublée de rouge d'or. Décor dit aux sept bordures. Marli émaillé fond rose à mosaïque pavée, avec réserve portant des fleurs et fruits et cachets à dragons d'or. Au-dessous, filet jaune rehaussé d'arabesques rouges.

Fond partiel bleu clathré dessinant un médaillon arabesque à six pointes, dans lequel est une femme assise sur son fauteuil et s'occupant de l'éducation de trois jeunes enfants qui tiennent chacun un livre; elle-même est entourée des trésors de l'écriture. Sujet rare et délicieusement exécuté.

Diam., 21 cent.

(Collection Allègre.)

377 — **Porcelaine de Chine.** Assiette d'échantillon semblable à celle qui précède, également émaillée en rouge d'or à l'extérieur.

Diam., 21 cent.

(Collection Ferrol.)

378 — **Porcelaine de Chine.** Assiette d'échantillon en porcelaine doublée en rouge d'or. Décor polychrome émaillé, des plus riches, composé de six bordures, un fond d'or et un médaillon à sujet. La première bordure est d'or, la seconde formant le fond du marli est rose à mosaïque pavée avec réserves

portant des fleurs et des cachets blancs à dragons; au-dessous, règne une frise arabesque clathrée, suivie d'une bande jaune ornementée en rouge. Au-dessous de celle-ci, un fond émaillé rouge coupé par des médaillons bleus reçoit des arabesques roses; la dernière bordure est vert d'eau à losanges.

Sur le fond d'or se détachent des arabesques émaillées à fleurs. Dans le médaillon central, en forme de feuille, est une femme dans son intérieur avec deux enfants.

Diam., 21 cent.

(Collection Perrot.)

379 — **Porcelaine de Chine.** Compotier en porcelaine d'échantillon. Bordure d'or rehaussée de grecques en rouge de fer. Sujet plein représentant un jeune homme assis près d'un pavillon et auquel une femme vient remettre une cassette fermée; une jeune fille arrive d'un autre côté portant une tasse de thé.

Ce sujet paraît être tiré du théâtre ou des romans chinois.

Diam., 205 millim.

(Collection Perrot.)

380 — **Porcelaine de Chine.** Compotier en fine porcelaine mandarine. Bordure noire à rinceaux d'or. Fond partiel rouge de fer semé de rinceaux et fleurs ornementales en or et en argent. Au centre, dans un médaillon, un paysage montueux animé par une chasse impériale. Pièce d'échantillon.

Diam., 205 millim.

(Collection Perrot.)

381 — **Porcelaine de Chine.** Compotier en belle porcelaine mince dite coquille d'œuf, à revers émaillé rouge d'or; marli à

trois bordures mosaïque; celle du milieu à fond rose est coupée par trois réserves de fleurs et de fruits. Au fond, sujet familier, femme assise entourée de vases et d'attributs divers et ayant près d'elle trois enfants dont l'un effraie un chien à l'aide d'un éventail.

Diam., 203 millim.

382 — **Porcelaine de Chine.** Assiette creuse en porcelaine mince, à bordure décorée de cartouches de fruits en couleurs, avec entredeux de rosaces en noir. Au centre, groupe de deux femmes et d'un enfant très finement dessinés au trait en noir et rehauts d'or.

Diam., 21 cent.

(Collection Guntzberger.)

383 — **Porcelaine de Chine.** Assiette creuse à marli décoré de trois bordures; celle du milieu est coupée par trois réserves de fleurs; au fond, un vase rempli de fleurs et une coupe contenant des fruits odorants. Revers rouge d'or.

Diam., 21 cent.

(Collection Fournier.)

384 — **Porcelaine de Chine.** Petit vase en forme de balustre, en porcelaine de Chine, émaillé bleu empois et offrant sur son pourtour un décor de fleurs et d'oiseaux émaillés en couleurs variées.

Cette pièce offre une particularité intéressante, c'est que les contours et les nervures des diverses parties de son ornementation sont indiqués à l'aide de petites cloisons saillantes d'une grande délicatesse d'exécution et dont la partie supérieure est dorée. Ce vase porte au fond une marque carrée qui est exécutée de même, c'est-à-dire en relief et qui se détache en or sur le fond émaillé bleu clair.

Jusqu'à ce jour, c'est le seul spécimen de ce genre qu'il

nous ait été donné de rencontrer. Il provient du palais d'Été et fut rapporté par un officier de l'armée anglaise.

Haut., 170 millim.; diam., 80 millim.

385 — **Porcelaine de Chine.** Deux petits vases forme bouteille, fond rose et à sujets familiers à trois personnages réservés et émaillés en couleurs. Ces vases sont montés en aiguières en bronze doré au mat. Qualité rare.

Haut., 230 millim.; diam., 90 millim.

386 — **Porcelaine de Chine.** Petit vase de forme conique à gorge, décoré de dragons à cinq griffes et de nuages en camaïeu noir sous couverte jaune impérial. Socle en bois de fer.

Haut., 110 millim.; diam., 48 millim.

387 — **Porcelaine de Chine.** Petit brûle-parfums de forme oblongue à quatre pieds cintrés, motifs ajourés aux angles et à deux anses surélevées, à ornements gaufrés réservés en biscuit et parties émaillées jaune havane. Le couvercle est surmonté d'un chien de Fô assis.

Haut., 150 millim.; larg., 11 millim.

388 — **Brûle-parfums** carré, en partie gaufré, en partie réticulé à bâtons rompus et orné de bordures mosaïque en émaux de la famille rose; le couvercle est surmonté d'un chien de Fô. Por. de Ch. Pl. xxxi n° 152.

Hauteur sans socle, 220 millim.; diam., 185 millim.

(Collection Du Sartel.)

389 — **Céladon bleu turquoise.** Deux coupes libatoires de forme

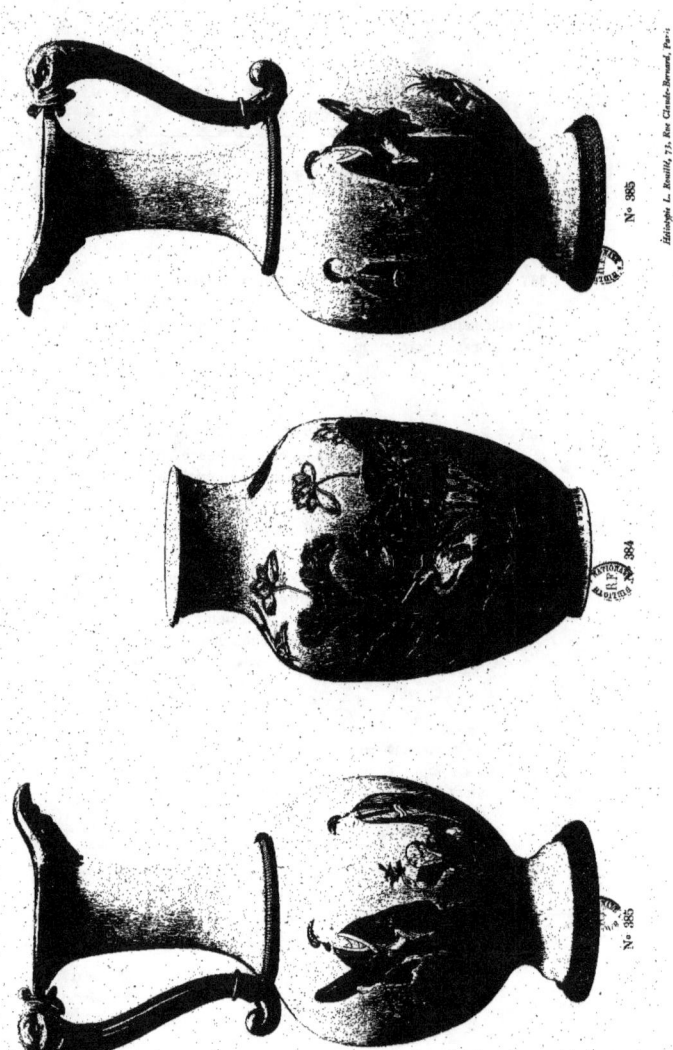

oblongue à une anse carrée cantonnée de deux dragons. Deux dragons plus petits et deux arêtes saillantes décorent le pourtour de la pièce.

Haut., 55 millim.; long., 110 millim.; larg., 61 millim.

390 — **Céladon bleu turquoise.** Cornet à panse renflée, garnie au pourtour d'arêtes en relief et décorée de fleurs gaufrées sous couverte. Haut et bas, feuilles droites également gaufrées en relief sous couverte.

Haut., 210 millim.; diam., 105 millim.

391 — **Céladon bleu turquoise et violet.** Réservoir à eau en forme de fruit dont l'orifice placé sous le pied correspond à un tube droit qui s'élève à l'intérieur jusque vers le haut du vase. La panse du vase est émaillée bleu turquoise. L'anse, le goulot et les branches de feuillages sont émaillées violet.

Haut., 150 millim.; long., 160 millim.; larg., 95 millim.

(*Collection Du Sartel.*)

392 — **Terre émaillée du Japon.** Personnage émaillé gris avec cheveux et détails du costume rehaussés de brun. Il est à demi couché sur un coussin en bronze gravé et doré qui repose sur un socle rectangulaire à quatre pieds, aussi en bronze doré, du temps de Louis XVI. Près du personnage se trouve le simulacre d'un coffre en terre émaillée bleu qui a pour base une monture supportée par quatre petits pieds cintrés de bronze doré.

Haut., 130 millim.; long., 192 millim.; larg., 72 millim.

LAQUES

393 — **Laque du Japon**. Boîte de forme hexagone surbaissée, reposant sur trois pieds, en laque noir et treillis d'argent saillant décoré d'écureuils en or et en relief. Elle renferme un plateau, décoré en or sur fond aventuriné, ainsi que sept petites boîtes simulant des fruits décorés de feuilles d'or cloutées d'argent sur fond argenté et tiges de corail.

Haut., 75 millim.; diam., 95 millim.

(*Collection Rougemont de Lœwenberg.*)

394 — **Laque du Japon**. Boîte de même forme à treillis d'or, décorée de chrysanthèmes. Elle renferme un plateau décoré de fleurs sur fond pailleté, ainsi que six petites boîtes en forme de fruit en laque noir, décorées de feuillages en or et tiges de corail.

Haut., 75 millim.; diam., 95 millim.

(*Collection Rougemont de Lœwenberg et de la duchesse de Montebello.*)

395 — **Laque d'or du Japon**. Deux petites boîtes en forme de canard et se faisant pendants. Le plumage est finement décoré en or en relief.

Haut., 50 millim.; long., 70 millim.

(*Collection du duc de Hamilton.*)

396 — **Laque d'or du Japon**. Deux cigognes en ronde bosse et se faisant pendants.
Le sommet des têtes est laqué rouge.
Elles sont montées sur des socles en bois noir.

Hauteur sans socle, 85 millim.
Hauteur des socles, 85 millim.

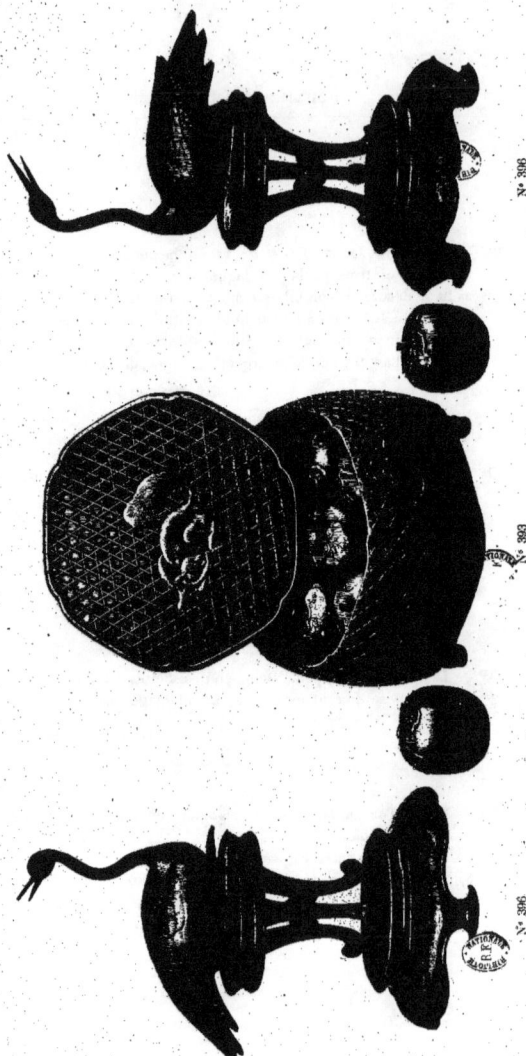

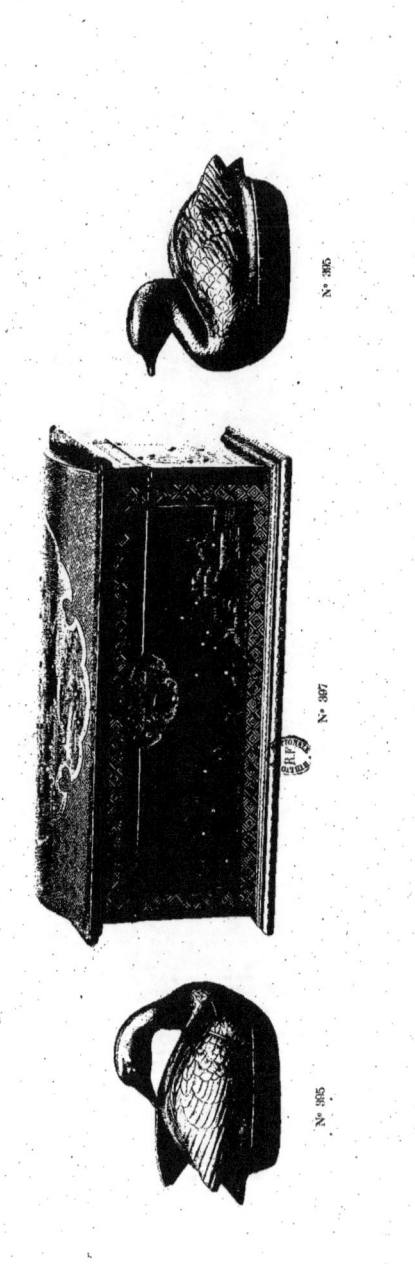

397 — **Laque noir du Japon.** Coffret oblong à couvercle légèrement bombé, décoré de paysages avec personnages exécutés en or en relief et cloutés d'argent. Il est enrichi d'encadrements très finement burgautés et le médaillon du couvercle est enveloppé par un treillis d'or.

Haut., 70 millim.; long., 150 millim.; larg., 70 millim.

(Collections de Montebello et de Lafaulotte.)

398 — **Laque du Japon.** Deux petites boîtes en forme de feuille d'écran, décorées de paysages accidentés dorés et argentés. Chacune d'elles renferme un petit plateau et deux petites boîtes, ces trois pièces offrant un décor analogue à celui de l'extérieur des boîtes principales.

Haut., 39 millim.; long., 87 millim.; larg., 70 millim.

(Collection du duc de Hamilton.)

399 — **Laque noir du Japon.** Boîte ronde couverte de fleurs arabesques et de rinceaux en or avec parties aventurinées. Elle renferme quatre petites boîtes simulant trois éventails en laque d'or représentant des paysages avec insectes et oiseau.

L'intérieur et le fond de chacune des boîtes sont aventurinés.

Haut., 34 millim.; diam., 102 millim.

400 — **Laque d'or sur fond d'aventurine du Japon.** Boîte à trois compartiments, de forme carrée, à coins arrondis et rentrés, décor d'éventails couverts de branches de cerisier sur fond or, fleurs en argent découpé et incrusté. Pièce d'une exquise distinction.

Haut., 75 millim.; larg., 72 millim.

(Collection Vial.)

401 — **Laque d'aventurine avec incrustations du Japon.** Petite boîte à médecine, inro, à décor de rivière entièrement couverte de fleurs de cerisier, en argent ciselé. Belle pièce ancienne.

Haut., 68 millim.; larg., 49 millim.

(*Collection Vial.*)

402 — **Laque du Japon.** Petit nécessaire à quatre compartiments, ayant la forme d'un siège contourné, fond d'or bruni rehaussé de pampres en relief avec grappes en cornaline incrustée; sur le couvercle, dessin quadrillé en or de couleurs.

Haut., 88 millim.; larg., 65 millim.

403 — **Laque d'or incrusté sur fond aventuriné. Japon.** Petit brûle-parfums à six lobes, décor de feuillages et chrysanthèmes en or de deux tons; incrustations en or métallique, en ivoire et burgau; intérieur de métal; couvercle en argent repercé à jour. Pièce d'un grand travail.

Haut., 92 millim.; diam., 60 millim.

(*Collection Victor Pollet.*)

404 — **Laque d'or du Japon.** Boîte cylindrique à trois compartiments en laque; le pourtour orné de fleurs et le dessus formant rosace. Elle repose sur trois petits pieds aventurinés comme le fond et l'intérieur de la pièce.

Haut., 80 millim.; diam., 80 millim.

405 — **Laque aventuriné.** Boîte de forme carrée, à angles arrondis, décorée de tortues et d'oiseaux en or. Le couvercle présente dans un médaillon un paysage enrichi de figures en or de couleurs.

Haut., 72 millim.; long., 113 millim.; larg., 85 millim.

406 — **Laque d'or du Japon.** Boîte trilobée, décorée d'arbustes et contenant un petit plateau décoré de plantes aquatiques. L'intérieur est aventuriné.
Haut., 40 millim.; larg., 90 millim.

407 — **Laque noir à rehauts de laque d'or. Japon.** Petite boîte carrée à pans coupés, trois compartiments, décor d'arbres et de fleurs laqué or de deux tons, feuillages et incrustations or métallique sur une mosaïque laquée or et aventurinée. Pièce d'une très belle qualité.
Haut., 70 millim.; long., 60 millim.; larg., 56 millim.

(Collection Victor Pollet.)

408 — **Laque d'or du Japon.** Plateau de forme carré long, à angles arrondis, décoré de fleurs, d'arbustes et de montagnes exécutés en relief.
Long., 227 millim.; larg., 147 millim.

409 — **Laque d'or du Japon.** Boîte oblongue à quatre petits pieds, dont le dessus présente en décor d'or en relief, en parties métalliques et en pointillé d'or, une boîte de toilette, un miroir métallique et un store de jonc simulé.
Haut., 38 millim.; long., 110 millim.; larg., 77 millim.

410 — **Laque d'or du Japon.** Boîte contournée dont le dessus représente un personnage accroupi en riche costume, couvert d'un décor très fin en or en relief.
Haut., 21 millim.; long., 96 millim.; larg., 62 millim.

411 — **Laque d'or du Japon.** Boîte à compartiments en forme de barque, dont le pourtour inférieur est décoré de flots de la mer, et dont le dessus présente une figure de divinité montée sur une tortue exécutée en or en relief.
Haut., 55 millim.; long., 110 millim.; larg., 50 millim.

412 — **Laque d'or du Japon.** Boîte en forme de casque, à nervures métalliques saillantes et à décor d'or en relief simulant des passementeries.

Haut., 50 millim.; long., 94 millim.; larg., 83 millim.

413 — **Laque noir du Japon.** Théière cylindrique à côtes très saillantes ; d'un côté, un paysage ; de l'autre, un groupe de fleurs ; le tout en or en relief.

Haut., 126 millim.; larg., 160 millim.

(Collections Daigremont et Barbet de Jouy.)

414 — **Laque vert aventuriné du Japon.** Boîte de forme ronde aplatie, à décor de chrysanthèmes, dont moitié sur et moitié sous couverte. Intérieur en or mat. Spécimen rare de laque connu en Europe sous le nom de vert de Marie-Antoinette.

Haut., 20 millim.; diam., 78 millim.

(Collection Vial.)

415 — **Laque d'or sur fond noir, avec applications métalliques. Japon.** Petite boîte ronde et profonde, armoriée au kirimon et aux chrysanthèmes, avec alternances de fleurs en or et en argent appliqués.

Haut., 45 millim.; diam., 60 millim.

(Collection Vial.)

416 — **Laque d'or du Japon.** Petite boîte de forme lenticulaire, tout or, décorée d'oiseaux sacrés et de fleurs ; intérieur laqué aventuriné.

Haut., 42 millim.; diam., 77 millim.

(Collection Victor Pollet.)

TRAVAUX ORIENTAUX 115

417 — **Laque du Japon.** Petite boîte carrée à angles rentrants et à trois compartiments; sur le couvercle, un dragon en relief laqué or sur fond laqué bronze; les côtés à décors variés, fleurs et ornements laqués or et argent sur fond aventuriné; intérieur laque aventurine.

Haut., 72 millim.; larg., 62 millim.

(*Collection Victor Pollet.*)

418 — **Laque d'or du Japon.** Boîte formée de deux parties rectangulaires accolées, décorée de figures dans un paysage et de papillons voltigeant.

Haut., 26 millim.; long., 78 millim.; larg., 72 millim.

419 — **Laque noir du Japon.** Boîte ovoïde, à couvercle légèrement bombé, couverte d'un réseau de rosaces exécutées en or varié de nuances en relief.
Intérieur aventuriné.

Haut., 48 millim.; diam., 61 millim.

420 — **Laque noir du Japon.** Petit plateau rectangulaire à décor d'or en relief, oiseaux aquatiques et paysage. Il est garni d'une monture à quatre pieds en bronze doré.

Long., 150 millim.; larg., 82 millim.

(*Collection Broët.*)

421 — **Laque noir du Japon, à décor d'or sous couverte.** Plateau analogue à celui qui précède, mais plus grand, décoré d'un paysage avec cours d'eau. Monture à quatre pieds en cuivre doré.

Long., 180 millim.; larg., 90 millim.

(*Collection Broët.*)

422 — **Laque d'or du Japon**. Boîte formée de deux écrans accolés, portant des armoiries et un sujet familier rehaussé de noir avec encadrements formés de rosaces. Le fond et l'intérieur sont aventurinés.

Long., 145 millim.; larg., 51 millim.

Collection De Lafaulotte.

423 — **Laque du Japon**. Médaillon ovale représentant en relief et décoré en or, un personnage accroupi, dont la chevelure est réservée en noir. Il est placé dans une monture en forme d'écran en bois sculpté et repercé à jour.

Hauteur du médaillon, 78 millim.; larg., 59 millim.
Hauteur de la monture, 138 millim.; larg., 89 millim.

424 — **Laque du Japon**. Petite boîte ronde à deux compartiments en laque aventuriné, décorée de fleurs exécutées en dorure. Elle repose sur une base à trois pieds et elle est couverte par une enveloppe simulant une cage en laque noir à décor d'or, partie sous couverte.

Haut., 48 millim.; diam., 52 millim.

425 — **Laque aventuriné du Japon**. Petite boîte à deux compartiments, en forme de hotte décorée de feuillages en or de diverses nuances et rehaussée de paillettes d'or.

Haut., 48 millim.; long., 57 millim.; larg., 33 millim.

426 — **Laque du Japon** à fond noir, décor d'or et de couleurs sous couverte. Boîte à médecine. Inro. Le Voyage en barque à Osaka. Fumant sa pipe, le batelier tient à la main la barre du gouvernail. Serrés les uns contre les autres, les voyageurs avancent à travers les joncs, vigoureusement remorqués par trois mariniers. Netsuké laqué.

Pièce de l'effet le plus imprévu, lorsque l'œil suit la

corde du bateau jusqu'aux trois mariniers. Considéré par Wakaï comme un spécimen précieux en ce genre et du xviiie siècle.

Haut., 65 millim.; larg., 55 millim.

(*Collection Vial.*)

427 — **Laque d'or incrusté du Japon**. Boîte à médecine, inro, de forme ronde et légèrement bombée sur les deux faces, à décor de dragon des eaux. Le monstre, en métal d'or finement ciselé et à queue d'argent, sort à moitié des eaux sur les deux faces de la boîte.

Coulant en ivoire incrusté d'insectes. Netsuké en laque noir de Pékin. Très beau travail.

Épaisseur, 26 millim.; diam., 82 millim.

(*Collection Vial.*)

428 — **Laque d'or du Japon.** Trousse à médecine, inro, décorée d'un paysage accidenté. La face principale présente une figure de cavalier exécutée en cuivre très finement ciselé, doré et oxydé, rapportée en relief. Pièce signée.

Haut., 93 millim.; larg., 52 millim.

429 — **Laque noir du Japon.** Trousse à médecine, inro, finement décorée de paysages et d'ornements incrustés en burgau. Les extrémités et les montants sont couverts de rosaces.

Haut., 82 millim.; larg., 55 millim.

(*Collection de M. le comte de Morny.*)

430 — **Laque brun maroquiné à rehauts d'or et de burgau. Japon.** Boîte à médecine, inro, ayant la couleur et le grain du

cuir maroquiné à rehauts de médaillons en laque d'or et en burgau d'une grande finesse. Coulant et netsuké en ambre.

Haut., 90 millim.; larg., 55 millim.

(Collection Vial.)

431 — **Laque d'or du Japon.** Boîte à médecine, inro, décor d'arbres en laque usé, grues en relief en laque or, plusieurs tons. Belle pièce, signée.

Haut., 75 millim.; larg., 51 millim.

(Collection Victor Pollet.)

432 — **Laque d'or du Japon.** Boîte à médecine, inro, avec double enveloppe découpée, décor de fleurs et de feuillages. Pièce très fine.

Haut., 100 millim.; larg., 52 millim.

(Collection Victor Pollet.)

433 — **Laque d'or du Japon.** Trousse à médecine, inro, à quatre compartiments, offrant sur une de ses faces une figure de vieillard dont les chairs sont exécutées en ivoire sculpté en relief, et sur l'autre, une figure d'enfant nu assis, en ivoire sculpté et teint en rouge. Ses boutons d'attache sont enrichis de fines incrustations d'ivoire teint et de nacre représentant des oiseaux et des fleurs.

Haut., 85 millim.; larg., 55 millim.

434 — **Laque du Japon.** Petite coupe laquée rouge à l'extérieur et offrant à l'intérieur un décor de coquillages en relief sur fond d'or. Pièce signée.

Haut., 35 millim.; diam., 97 millim.

435 — **Laque du Japon.** Coupe analogue à celle qui précède. Elle est décorée d'une branche de fruits de la plus grande finesse d'exécution. Pièce signée.

Haut., 25 millim.; diam., 98 millim.

ÉMAUX DE LA CHINE

436 — **Émail cloisonné de la Chine.** Deux petits vases doléiformes sur socles bas; le tout décoré de fleurs et d'ornements émaillés en couleurs sur fond bleu turquoise. Sous le pied, cachet carré à quatre caractères gravés.

Haut., 15 cent.

437 — **Émail cloisonné de la Chine.** Petit vase en forme de balustre aplati et à couvercle, à ornements émaillés en couleurs sur fond bleu turquoise. Au fond, cachet carré à quatre caractères en relief.

Haut., 16 cent.

438 — **Émail cloisonné de la Chine.** Brûle-parfums à panse sphérique, décoré d'ornements et portant le signe de longévité en couleurs, sur fond bleu turquoise. Ses pieds à têtes chimériques et ses anses sont en bronze doré. Le couvercle, bombé et à lambrequins découpés et parties ciselées et repercées à jour, est surmonté d'un bouton sphérique en cuivre doré.

Haut., 22 cent.; larg., 10 cent.

439 — **Émail cloisonné de la Chine.** Petite théière de forme cylindrique, à collerette festonnée découpée à jour et à couvercle bombé.

La panse, décorée d'ornements en couleurs sur fond bleu turquoise, présente des arêtes saillantes entre lesquelles sont des pois qui se détachent en émail blanc sur fond bleu foncé.

L'anse et le goulot, en bronze doré, sont ornés de têtes d'animaux fantastiques.

Haut., 15 cent.

440 — **Émail cloisonné de la Chine.** Petit brûle-parfums oblong, à deux anses surélevées, à quatre pieds et à couvercle surmonté d'un bouton de jade. La panse, décorée d'ornements multicolores sur fond bleu turquoise, est garnie dans son pourtour d'arêtes saillantes et découpées. Le couvercle, composé de fleurs arabesques émaillées en couleurs, est repercé à jour.
Haut., 120 millim.; larg., 85 millim.

441 — **Émail cloisonné de la Chine.** Très petit brûle-parfums à panse sphérique, reposant sur trois pieds découpés et à couvercle bombé, décoré d'ornements multicolores sur fond bleu turquoise. Le couvercle est enrichi d'une frise de fleurs arabesques réservée en bronze doré et repercée à jour.
Haut., 11 cent.; diam., 8 cent.

442 — **Émail cloisonné de la Chine.** Théière cylindrique, à couvercle plat et à anse surélevée, décorée de dragons et d'ornements multicolores sur fond bleu.
Haut., 14 cent.; larg., 12 cent.

(Collection Bal.)

443 — **Émail cloisonné de la Chine.** Petite bouteille décorée de fleurs arabesques polychromes sur fond bleu turquoise. Elle porte un cachet carré à quatre caractères gravés.
Haut., 17 cent.

(Collection Bal.)

444 — **Émail cloisonné de la Chine.** Bouteille à panse cylindrique et à décor analogue à celle qui précède.
Haut., 15 cent.

(Collection Bal.)

445 — **Émail cloisonné de la Chine.** Bonbonnière de forme sphérique aplatie, décorée de fleurs arabesques sur fond turquoise, et portant le signe du bonheur en émail rouge sur le dessus.
Haut., 70 millim.; diam., 87 millim.

(Collection Bal.)

446 — **Émail cloisonné de la Chine.** Petite bouteille à panse sphérique, décorée de fleurs et de feuillages polychromes sur fond bleu turquoise.
Haut., 13 cent.

(Collection Bal.)

447 — **Émail cloisonné de la Chine.** Boîte carrée à pourtour profilé décorée de fleurs arabesques et d'ornements émaillés en couleurs sur fond bleu turquoise.
Haut., 50 millim.; diam., 64 millim.

448 — **Émail de la Chine.** Plat rond et creux. Il est décoré à l'intérieur du dragon impérial à cinq griffes se détachant sur fond blanc et entouré de rosaces émaillées lilas. Le bord est décoré de fleurs et de chauves-souris sur fond jaune d'or.

Le fond extérieur présente des dragons fantastiques en camaïeu bleu sur fond jaune. Le bord offre des dragons à cinq griffes se jouant dans des nuages et émaillés en couleurs sur fond jaune. Cette pièce, qui date de la dynastie de l'empereur Kien-Long, est remarquable par la finesse de son décor et le brillant de son émail.
Diam., 26 cent.

449 — **Émail cloisonné du Japon.** Petit vase ovoïde, couvert d'une capsule bombée, décoré de rosaces, de fleurs et d'ornements en couleurs sur fond vert.
Haut., 15 cent.

ORFÈVRERIE ET BIJOUX

DE L'ORIENT

450 — **Deux vases** japonais en argent, en forme de balustre carré avec ornements gravés, fleurs, oiseaux et fruits en relief or et et argent ; grecque gravée, formant encadrement sur la panse et répétée sur les anses.

Précieux travail d'un goût exquis. Socles en bois.

Faits par *Mi-Jata*, de Tokio (Japon.)

Hauteur sans socle, 182 millim.

(Collection Eudel.)

451 — **Coupe** en étain de forme hémisphérique couverte d'ornements incrustés en or et de pierreries, telles que rubis, émeraudes et turquoises.

Elle porte à sa partie supérieure une longue inscription. Son couvercle bombé se terminant en pointe est en argent doré. Beau travail indien.

Haut., 10 cent.; diam., 10 cent.

452 — **Petite boîte** persane de forme cylindrique, à couvercle bombé ouvrant à charnière, en or émaillé en plein, décorée sur le couvercle de fleurs se détachant en couleurs sur le fond d'or, au pourtour, de fleurs également sur fond blanc et encadrements vert émeraude, et au fond, de fleurs ciselées réservées en or sur fond d'émail bleu.

Haut., 26 millim.; diam., 40 millim.

(Collection Degesne.)

453 — **Brûle-parfums** ouvrant de forme sphérique, sur **plateau**

carré, en filigrane d'argent avec rosaces saillantes rapportées.
Travail oriental.

Hauteur totale, 125 millim.
Diamètre du plateau, 110 millim.

454 — **Petite tasse** à quatre lobes et à une anse en argent gravé et émaillé en couleurs, à paysage et figures. Travail chinois.

Haut., 20 millim.; diam., 47 millim.

SCULPTURES DU JAPON

455 — **Ivoire**. Groupe : Deux personnages déroulant un manuscrit, appuyé d'une façon très originale sur le dos d'une grue. Pièce remarquablement sculptée. Travail japonais.

Haut., 83 millim.; larg., 72 millim.

(Collection Victor Pollet.)

456 — **Ivoire**. Groupe : Diable menacé par le dieu Shoti, se cachant derrière un écran. Pièce très bien mouvementée, de travail japonais.

Haut., 65 millim.; larg., 50 millim.

(Collection Victor Pollet.)

457 — **Ivoire sculpté**. Netsuké composé d'un groupe représentant une mendiante et son enfant avec un petit chien.

Haut., 35 millim.; larg., 40 millim.

458 — **Ivoire sculpté et peint**. Netsuké composé d'un groupe représentant une panthère et ses petits.

Haut., 30 millim.; larg., 50 millim.

459 — **Ivoire sculpté**. Netsuké représentant deux hippopotames avec leur conducteur. Pièce signée.

Haut., 32 millim.; larg., 58 millim.

460 — **Ivoire sculpté**. Netsuké représentant un cuisinier apprêtant un repas de riz.

Haut., 47 millim.

461 — **Ivoire**. Netsuké. Personnage portant une grenouille sur son dos et tenant un fruit.

Haut., 48 millim.

(Collection Victor Pollet.)

462 — **Ivoire**. Netsuké. Personnage debout au crâne dénudé, tenant un bâton de la main droite; la main gauche est fortement crispée sur le vêtement. Pièce d'une expression remarquable. Signée.

Haut., 72 millim.

(Collection Victor Pollet.)

463 — **Bois**. Netsuké formé d'un petit personnage dont la figure, les mains et les pieds sont tout en ivoire; la robe et la chevelure sont laquées d'or sur fond noir. Belle qualité.

Haut., 42 millim.

(Collection Victor Pollet.)

464 — **Bois**. Netsuké formé d'un petit personnage dont la figure est couverte d'un masque très fin en métal, chevelure rouge et costume laqué or. Pièce signée, de belle qualité.

Haut., 36 millim.

(Collection Victor Pollet.)

BRONZES DE L'ORIENT

465 — Petit brûle-parfums à panse sphérique lobée à trois pieds bas, anses à têtes chimériques et à couvercle ajouré, en bronze du Tonkin, à médaillons ciselés en relief et dorés, à fleurs, branchages et oiseaux. Le couvercle à fleurs ciselées a un chien de Fô assis pour bouton.

Haut., 180 millim.; larg., 115 millim.

(Collection Escudier.)

466 — Bronze du Tonkin rehaussé de parties dorées. Tasse en forme de fruit, à médaillons de fleurs en relief et anse formée d'une branche fleurie se développant sur la panse.

La soucoupe à bords festonnés présente un décor analogue à la tasse.

Tasse : Haut., 42 millim.; long., 73 millim.
Soucoupe : Diam., 130 millim.

467 — Petite trousse à médecine, inro, en bronze oxydé, enrichie de figurines rapportées en argent finement ciselé, niellées et dorées. Les gorges sont en argent. Travail japonais. Pièce signée.

Haut., 56 millim.; larg., 40 millim.

(Collection Rougemont de Lœwenberg.)

468 — Brûle-parfums formé d'un groupe de deux fruits et de feuillages.

Bronze japonais, patine brune.

Haut., 10 cent.; larg., 20 cent.

469 — Autre brûle-parfums formé d'un crabe et d'un fruit.

Bronze japonais, patine brune.

Haut., 16 cent.; larg., 22 cent.

DEUXIÈME PARTIE

470 — **Bronze de la Chine incrusté d'or et d'argent.** Petit vase à col circulaire et dont le corps est formé d'un canard debout.

Haut., 75 millim.; long., 95 millim.

471 — **Bronze du Japon.** Deux petits vases en forme de balustre carré à deux anses repercées à jour, couverts de fines incrustations de filets d'argent. Ces pièces sont signées.

Haut., 150 millim.; larg., 60 millim.

VERRE CHINOIS

472 — **Vase bursaire** à deux anses latérales en verre à deux couches, blanc opaque et rouge, décoré en relief d'arabesques. Travail chinois.

Ce vase est supporté par deux pieds superposés dont l'un est décoré de médaillons en ivoire teinté de vert.

Haut., 160 millim.

(Collection Vapereau.)

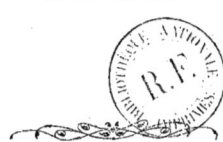

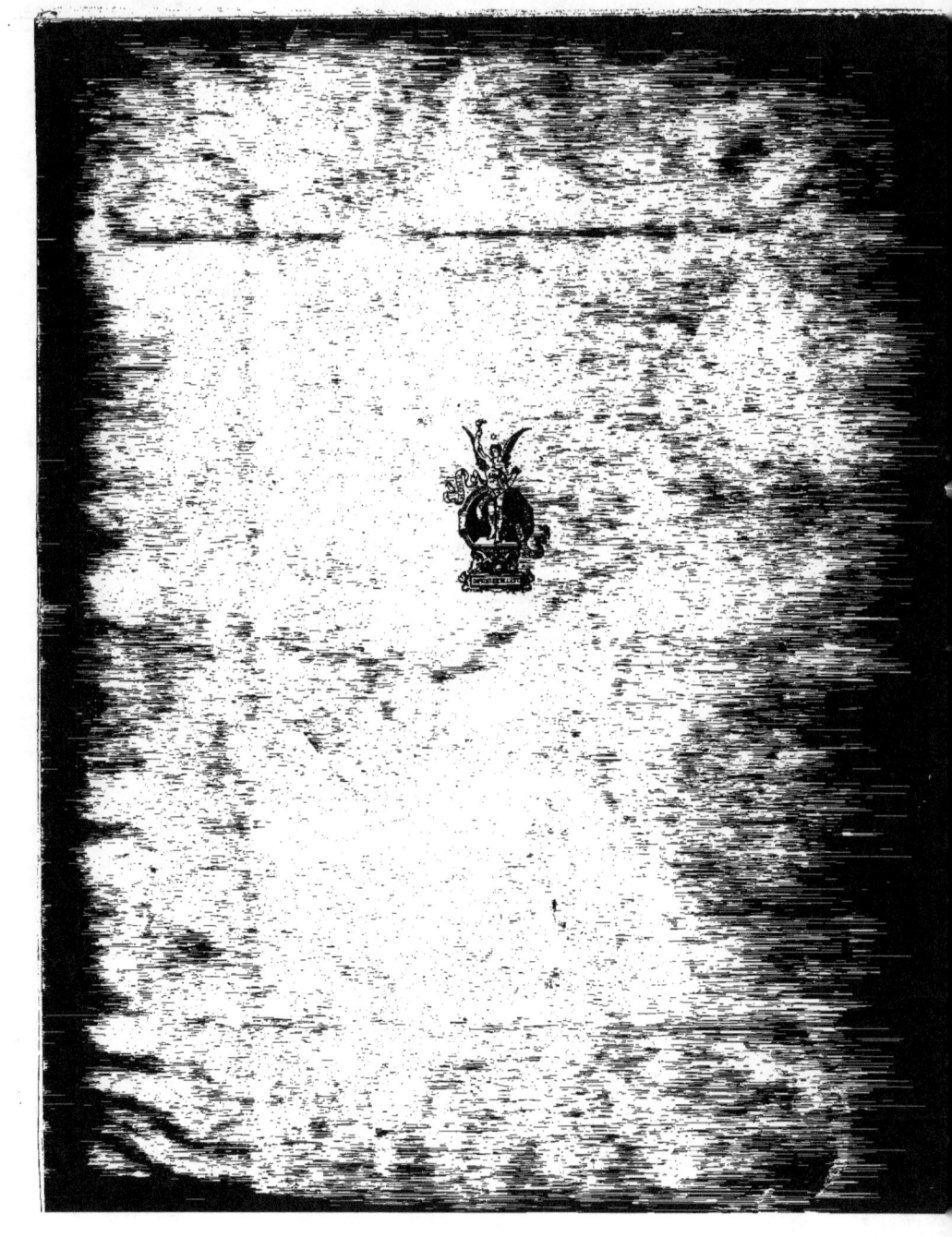